Catalogage : Management
Directrice éditoriale : Claire Gautier
Assistante éditoriale : Clara Nauche

Tous droits de traduction et d'adaptation réservés pour tous pays
Cette édition est publiée avec l'autorisation de Harvard Business Press

Copyright © Vineet Nayar, 2011
Titre original : *Employees First, Customers Second:
Turning Conventional Management Upside Down*

Édition française 2011: Les Éditions Diateino
Copyright © 2011 Les Éditions Diateino
ISBN 978-2-35456-031-7

Retrouvez-nous sur :
http://www.diateino.com
http://fr-fr.facebook.com/diateino
http://twitter.com/Diateino

# LES EMPLOYÉS D'ABORD,
## LES CLIENTS ENSUITE

VINEET NAYAR

# LES EMPLOYÉS D'ABORD,
## LES CLIENTS ENSUITE

Comment renverser les règles du management

Préface de Bertrand Collomb
*Traduction : Aude Sécheret*

# SOMMAIRE

Préface IX

Avant-propos : un récit pragmatique 1

Introduction 5

CHAPITRE 1. Miroir, mon beau miroir 23
*Créer le besoin de changement*

CHAPITRE 2. La confiance à travers la transparence 57
*Créer une culture du changement*

CHAPITRE 3. Inverser la pyramide organisationnelle 107
*Construire une structure du changement*

CHAPITRE 4. Redéfinir le rôle du P-DG 161
*Transférer la responsabilité du changement*

CHAPITRE 5. Mieux comprendre
à partir des incompréhensions 197
*Renouveler le cycle du changement*

Remerciements 219
Index 225
À propos de l'auteur 231

# Préface
# à l'édition française

Sous la pression des médias, qui ne voient souvent dans l'entreprise que son cours de bourse, ses grandes opérations stratégiques de fusions-acquisitions, ou le comportement de son dirigeant, on pourrait presque oublier qu'une entreprise est d'abord une communauté d'hommes et de femmes, travaillant ensemble pour que l'entreprise vive et prospère.

C'est ce que nous rappelle Vineet Nayar, en présentant cette hiérarchie « Les employés d'abord, les clients ensuite ». Ce n'est pas très politiquement correct, d'autant plus qu'il ne mentionne même pas les actionnaires !

Et pourtant il devrait être évident pour chacun, y compris les clients et les actionnaires, que leurs intérêts ne seront bien servis que si les collaborateurs de l'entreprise se mobilisent autour d'une vision commune et déploient toutes les ressources d'innovation et de créativité dont ils sont capables.

Car la vision des employés que Vineet nous présente, et qui s'appuie sur toute son expérience à HCL, n'est pas celle d'une armée au garde-à-vous, ou marchant au rythme imprimé par un chef charismatique. C'est au contraire celle de commandos capables de trouver eux-mêmes les domaines d'innovation et de changement pour mieux répondre aux besoins des clients et donc gagner la bataille concurrentielle.

HCL, diront certains, est une société de services, où le produit est l'activité des hommes et des femmes de l'entreprise. En serait-il de même dans une activité industrielle ? Je peux témoigner personnellement que c'est aussi le cas : dans toute entreprise, on est toujours surpris par la capacité de progrès et d'initiative de collaborateurs à qui l'on a fait confiance, y compris dans les situations les plus difficiles.

Pourtant peu nombreux sont les chefs d'entreprise qui, sur cette constatation, ont construit un véritable système de management, cette « pyramide inversée » que décrit Vineet Nayar, où le management, et le CEO lui-même, se soumettent au jugement des collaborateurs. Le lecteur suivra ainsi une expérience passionnante, audacieuse mais pragmatique, et sanctionnée par la réussite.

Il n'est pas indifférent que ce témoignage nous vienne du patron indien d'une entreprise indienne devenue mondiale. Cela nous rappelle que l'humanisme n'a pas de frontières, que les valeurs de confiance, de respect, de transparence et d'exemplarité sont universelles, comme le sont leurs effets sur la motivation et la réussite.

La globalisation va donner aux entreprises nées en Asie ou dans les autres pays émergents un rôle croissant. Espérons que cette diversité montante enrichira les expériences humaines du management. Ainsi évitera-t-on les excès et le dessèchement d'une approche trop exclusivement financière, dont Wall Street et les médias financiers tendaient à faire, avant la crise, l'étalon mondial.

Bertrand Collomb
Président d'Honneur du groupe Lafarge,
Membre de l'Institut

# Avant-propos : un récit pragmatique

On n'a pas souvent l'occasion d'avoir un témoignage direct d'un P-DG, relatant ce qu'il a fait pour faire passer son entreprise d'un état de lent déclin à celui d'un moteur de vitalité et de croissance. C'est justement ce que nous propose Vineet Nayar dans ce récit détaillé à la première personne, retraçant le chemin suivi par son entreprise au cours des cinq dernières années.

Ce livre offre trois perspectives. Pour commencer, nous avons une vision d'une transformation majeure de l'industrie à travers le regard de Vineet en tant que P-DG — ses doutes, son processus, la validation de ses idées, et la construction d'un consensus. Ensuite, nous observons l'évolution de sa pensée sur le management depuis l'orthodoxie jusqu'à la nouveauté — depuis la structure traditionnelle hiérarchique à une volonté de décentraliser le pouvoir et les responsabilités dans l'optique de créer de la valeur. Enfin, nous explorons les prérequis culturels nécessaires à cette approche du management — le besoin d'honnêteté, de transparence, de confiance et de dialogue à tous les niveaux de l'organisation.

Plus important encore, Vineet affirme qu'aujourd'hui, l'atout principal d'une organisation se trouve de plus en plus dans le talent et la créativité de ses employés. Les sociétés basées sur l'économie du savoir, en particulier, dépendent d'équipes aux personnalités enthousiastes qui ont envie de relever tous les défis et d'agir en gardiens du savoir propre à l'organisation. Leur management — surtout celui des employés de la génération Y, et particulièrement dans un cadre multinational — requiert toute une nouvelle gamme de compétences. L'histoire de Vineet démontre comment une entreprise peut se concentrer sur ses créateurs de valeur — les employés de première ligne — pour réaliser une croissance avec des profits remarquables.

À une époque où nous constatons une transition rapide depuis l'entreprise traditionnelle jusqu'aux entreprises basées sur l'économie du savoir — et, par conséquent, une transformation du travail des dirigeants et de la pratique du management — ce livre soulève des questions philosophiques importantes. Y a-t-il une valeur inhérente à chaque employé — dans son savoir-faire, sa créativité, son engagement au travail et sa capacité à collaborer ? Pour créer le maximum de valeur pour les clients, devrions-nous nous concentrer sur la façon d'attribuer des responsabilités aux employés ? En bref, est-ce que ce sont les employés qui font la différence ?

Vineet répond à ces questions dans ce témoignage particulièrement accessible. Il s'agit à la fois du récit d'une transformation d'une organisation, d'un guide pratique pour les managers qui souhaitent obtenir des résultats équivalents, et de l'histoire de l'évolution personnelle d'un P-DG. J'en recommande la lecture de tout mon cœur.

C. K. Prahalad
Professeur d'université
Chaire Paul and Ruth McCracken

Ross School of Business
Université du Michigan

# Introduction

Il n'y a pas si longtemps, lors d'un vol entre New York et Francfort, je me suis retrouvé à discuter avec le passager assis à côté de moi. Il me demanda quel était mon métier, ce à quoi je répondis que j'étais P-DG d'une entreprise de services de technologies de l'information (IT) globales. Lorsque je lui ai retourné la question, il me révéla qu'il était pilote automobile à la retraite.

Au cours du vol, nous avons discuté à plusieurs reprises de nos vies personnelles et professionnelles. Alors que nous dégustions un verre de vin en attendant l'heure du dîner, il me fit part d'un incident auquel il avait dû faire face par le passé. Apparemment, il s'était retrouvé au beau milieu d'une course lorsque ses freins avaient lâché. Il me demanda si j'avais déjà vécu un tel incident. « Non, répondis-je, quelle fut votre réaction ? »

« À votre avis, quelles options s'offraient à moi ? » demanda-t-il.

Je réfléchis à quelques possibilités, mais en vérité je n'en avais pas la moindre idée.

« La plupart des pilotes choisissent l'une de ces deux options, commença-t-il. Soit ils cherchent un moyen de faire fonctionner les freins de nouveau, soit ils ralentissent. La première option déconcentre le pilote et l'expose au risque de l'accident. La deuxième option fait de lui un danger pour les autres voitures et l'expose tout autant au risque de l'accident.

- Alors que faut-il faire ? demandai-je.

- Accélérer, répliqua-t-il. Dépasser les autres voitures et prendre les mesures adaptées, quelles qu'elles soient. »

Je ne savais pas si c'était vraiment la bonne stratégie dans une course automobile ou si le vin commençait à monter à la tête de mon voisin. Et je n'ai pas encore rencontré d'autres pilotes pour avoir un second avis. Je me suis demandé, en revanche, pourquoi cette option ne m'était pas venue à l'esprit.

Alors que je me remémorais cet épisode, un autre incident m'est revenu en mémoire. J'avais récemment croisé un ami d'enfance que je n'avais pas vu depuis vingt-cinq ans. Je n'ai pas pu retenir cette exclamation : « Waouh ! Comme tu as changé, je n'en crois pas mes yeux ! »

Et alors, pourquoi n'aurait-il pas changé ? Pourquoi ai-je affiché une telle surprise ? Pourquoi ne suis-je pas surpris de la même façon quand je me regarde dans le miroir ? Après tout, j'ai à peu près autant changé que mon ami.

Peut-être que cela vient de la manière dont le cerveau est conçu pour gérer le changement. Quand les freins lâchent, le changement est instantané et on est forcé de réfléchir aux différentes actions envisageables. Mais si le changement est progressif, comme le vieillissement, on ne s'en rend pas vraiment compte, jusqu'au moment où l'on y est confronté.

L'histoire du pilote automobile me frappait à ce point, je pense, parce que j'étais moi-même au beau milieu d'une course à cette époque, une course visant à transformer notre entreprise, et que j'ai suivi à la lettre la stratégie énoncée par mon compagnon de voyage : accélérer pour dépasser les concurrents et disposer ainsi de plus d'espace pour manœuvrer.

Bien entendu, ce n'est pas ainsi que je voyais la situation à l'époque, au printemps 2005. Mais je savais que notre entreprise, HCL Technologies (HCLT), se trouvait dans une situation délicate, et qu'il nous fallait agir rapidement sous peine de nous faire éliminer de la course pour de bon. Cela ne faisait pas longtemps que j'étais à la tête de cette entreprise, et j'étais encore en train de chercher la clé de la gestion d'une si grosse structure. J'avais dirigé une entreprise plus petite, une entreprise du groupe HCL qui s'appelait Comnet — que j'avais fondée — et me retrouvais maintenant à la tête d'une des cinq plus grandes entreprises de services IT en Inde. L'entreprise comptait trente mille employés, effectuait des opérations dans dix-huit

pays, affichait un revenu annuel de 700 millions de dollars, avec un taux de croissance annuel cumulé (TCAC) d'environ 30 % sur les cinq dernières années !
Mais derrière cette façade de chiffres impressionnants se cachait une cruelle réalité. HCLT, de même que mon ami d'enfance, avait soudain l'air vieux. Autrefois l'une des entreprises-phares de l'Inde, HCLT croissait plus lentement que le leader du marché dans ce domaine (une société qui était parvenue à afficher un TCAC de 50 % sur les cinq dernières années), plus lentement aussi que ses concurrents directs, et perdait des parts de marché, affichant un taux de notoriété en baisse.

Cependant, en Inde, le nom de HCL était légendaire. L'entreprise fut fondée en 1976 dans un *barsaati* — l'équivalent indien de ces start-up américaines installées dans un garage — par un groupe de jeunes entrepreneurs dirigé par Shiv Nadar, pionnier de l'industrie informatique en Inde, l'un des chefs d'entreprise les plus respectés du pays.

J'ai rejoint les rangs de HCL en 1985 lorsque je suis sorti de l'université, alors que l'entreprise en était à ses débuts, avec moins de 10 millions de dollars de ventes. Je rêvais à l'époque d'intégrer une petite structure et de contribuer à son expansion : Shiv entretenait de grandes idées pour l'industrie de ce secteur, et disposait d'une capacité à élargir sa réflexion que je trouvais fascinante.

Le rêve s'est amplement réalisé. L'industrie IT a décollé au niveau mondial comme Shiv l'avait prédit, et les entreprises indiennes ont explosé à la suite. HCL est devenu un leader dans les domaines et sur les marchés qu'elle avait choisis, passant d'environ 10 millions à 5 milliards de dollars sur une période de vingt-cinq ans, avec comme fers de lance les sociétés HCL Technologies et HCL Infosystem, autres branches du groupe. Durant bon nombre de ces années, HCL faisait la course en tête, en *pole position* devant ses pairs indiens. Elle fut l'une des premières au monde à lancer certaines nouvelles technologies, à innover en matière de services, et ces innovations, associées à sa culture entrepreneuriale, ont attiré dans ses rangs les personnes les meilleures et les plus talentueuses.

Cependant, entre 2000 et 2005, HCLT avait perdu du terrain au point de se retrouver dans le gros du peloton. D'une certaine façon, nous ne nous rendions pas compte que nous ralentissions (même si 30 % de croissance annuelle ne semble pas particulièrement lent) et que nos concurrents nous passaient devant. Pourquoi cet aveuglement ? Peut-être nous contentions-nous de la croissance que nous avions obtenue jusqu'alors. Peut-être pensions-nous faire de notre mieux. Peut-être offrions-nous une gamme de services inadaptée à ce marché en pleine transformation.

Cela arrive bien trop souvent à des entreprises. À moins d'être obsédé par l'amélioration constamment, le déclin progressif se met en place en général sans qu'on ne le remarque. Nous avons vu cela arriver partout dans le monde, à des entreprises autrefois prospères. Cela peut aussi arriver à la vôtre ; c'est peut-être déjà ce qui est en train de se passer.

Mais alors, quand faut-il prendre la décision de changer ? Quand le moment sera venu, vous aurez beaucoup de questions à vous poser : pourquoi avons-nous décidé de changer ? À quel degré de changement devrions-nous aspirer ? Quelles entreprises devrions-nous prendre comme points de repère ? Comment s'y prendre pour instaurer le changement ? Quelle quantité de risque pouvons-nous tolérer dans notre effort vers le changement ?

Un beau jour, chez HCLT (désormais une famille de cinquante-cinq mille personnes et environ 2,5 milliards de dollars de revenus), nous avons décidé de changer, et ce livre raconte l'histoire de notre fascinant voyage, et la façon dont nous avons accompli notre transformation par une approche unique en son genre :

- Nous nous sommes forcés à nous regarder dans le miroir et à reconnaître que nous avions changé, en mal.

- Nous avons appuyé sur l'accélérateur et redémarré en trombe, pour passer d'une position de suiveur à celle de leader dans notre industrie avec le taux de croissance le plus élevé — triplant presque nos revenus en quatre ans. Nous étions l'une des rares entreprises au monde à continuer de croître pendant la récession des années 2008-2009.

- Nous sommes passés d'une organisation du travail obsolète et peu attractive à une structure élue numéro un des meilleurs employeurs d'Inde, et meilleur employeur en Asie et au Royaume-Uni.
- Nous avons arrêté de ressasser les vieilles théories de management pour devenir un leader innovateur et réfléchi, une des cinq compagnies en pleine expansion, à suivre, selon *BusinessWeek*, et ayant, selon *Fortune*, le « management le plus moderne du monde[1] ».
- Nous avons attiré l'attention et reçu les éloges des plus grands magazines de la presse économique, et sommes devenus une étude de cas à la Business School de Harvard, pas seulement pour ce que nous avions accompli, mais aussi pour la façon dont nous y sommes parvenus.

Ce dernier point est crucial : tout projet de transformation requiert de l'innovation à la fois dans ce que l'on fait, le *quoi*, et dans la manière dont on le fait, le *comment*. Le monde des affaires se concentre en grande partie sur l'objet, le *quoi* de la stratégie — nouveaux produits, nouvelles propositions, nouveaux marchés — et prête bien moins attention au *comment*, à la manière dont une entreprise dirige ses équipes et ses structures. Selon notre expérience, c'est le *comment* qui fait la différence, en ce sens qu'il offre davantage d'opportunités pour orienter la

---

1 - *BusinessWeek* et *Fortune* sont deux magazines américains spécialisés dans l'économie.

transformation et accélérer la croissance. Ainsi, bien que je décrive le *quoi*, pour le rôle qu'il a pu tenir dans le processus de transformation, je traiterai bien plus du *comment*, qui est en réalité la partie la plus intéressante et la plus précieuse de notre histoire. Nous intitulons cette approche « les employés d'abord, les clients ensuite », ou EFCS[2]. La sagesse traditionnelle, bien sûr, impose aux entreprises de toujours faire passer le *client* avant tout. Pourtant, dans toute industrie de services, la vraie valeur est créée dans l'interaction des employés et de leurs clients. Par conséquent, en privilégiant les employés, un changement fondamental peut être amené dans la façon dont une entreprise produit et fournit une valeur unique pour ses clients, se différenciant par là même de ses concurrents. En associant des employés engagés et un management responsable, une entreprise peut créer de la valeur en très grande quantité, pour elle-même et pour ses clients.

Ainsi, lorsqu'une entreprise fait passer ses employés en premier, c'est en réalité le client qui se retrouve mis en avant et en retire le plus d'avantages, et d'une manière bien plus performante qu'à travers les programmes « service clients » traditionnels, et consorts.

La mise en place d'EFCS nécessite un certain nombre de pratiques et d'actions spécifiques pouvant produire des résultats remarquables. Il s'agit aussi d'un cheminement

---

2 - EFCS : *Employees First, Customers Second* [Les employés d'abord, les clients ensuite].

de la réflexion en constante évolution, avec de nouvelles idées et de nouvelles initiatives prenant forme tout au long du voyage.

Dans ce livre, nous décrivons quatre phases du chemin EFCS que nous avons parcouru chez HCLT, bien qu'il faille peut-être plutôt envisager ces phases comme des composantes, car chacune d'entre elles tend à être revisitée sous d'autres configurations et dans un autre contexte au fur et à mesure de la mise en place de nouvelles initiatives. Bien plus, il est très probable qu'il y ait une cinquième, voire une sixième composante que d'autres, hors de notre entreprise, auraient identifiées et que nous pourrions étudier un jour.

J'ai écrit ce livre afin de susciter réflexion et discussions à propos du concept EFCS, bien plus que pour parler de la transformation de HCLT. Ayez donc l'amabilité de voir ce livre comme un descriptif des nombreuses expériences, des idées non conventionnelles, et des nombreux débats générés au cours d'un seul voyage, durant une période donnée, pour une entreprise en particulier et pour ses membres à tous les niveaux. Ce voyage est celui dont chacun peut apprendre quelque chose, que chacun peut appliquer, adapter à sa propre situation de mille et une façons, dans n'importe quelle équipe, entreprise, secteur d'activité ou contexte culturel. Comme il ne s'agit pas d'un reportage sur notre entreprise, j'ai modifié le nom de certains personnages apparaissant dans le livre, bien qu'ils soient tous inspirés de personnes existantes, et certaines des scènes et conversations sont retranscrites de mémoire, non pas extraites de notes ou de comptes-rendus, ainsi seront-elles aussi représentatives que possible. J'ai indiqué dans le texte les changements de noms.

Le livre est construit autour des quatre phases mentionnées plus haut, et comme indiqué ci-après.

## Miroir, mon beau miroir : créer le besoin de changement

Par où commence-t-on un processus de changement ? Par un coup d'œil dans le miroir. Pourquoi la vérité fondamentale d'une situation économique échappe-t-elle à tant de managers ? Je ne sais pas, mais je sais que c'était alors bel et bien le cas. En 2005, deux options s'offraient à nous : camper sur nos positions ou changer. Nous avons décidé de nous obliger à regarder en face notre positionnement de suiveur. Cependant, faire cela une seule fois n'est pas suffisant. Nous avons appris qu'il est nécessaire de se regarder dans le miroir tous les jours, et qu'il faut tout particulièrement chercher ce que l'on n'aime *pas* dans l'image que l'on voit, plutôt que de se concentrer sur les traits plaisants, ces attributs que nos slogans de marketing mettent déjà en avant.

En parallèle, il faut vous représenter une image de ce qui pourrait être, si vous changiez. Cette image anticipée est ce que j'appelle la *romance de demain*, et c'est ce qui motive les gens à appuyer sur l'accélérateur pied au plancher quand la logique voudrait qu'ils pilent sur le frein. Le chapitre 1 décrit certains débats et discussions que nous avons entretenus, et certaines de nos actions visant à ce que tous les membres de HCLT commencent à percevoir le besoin de changement. Ceci étant, même si une prise de conscience de ce besoin est absolument nécessaire, il ne s'agit pas encore du changement lui-même.

## La confiance à travers la transparence : créer une culture du changement

Une fois créé le besoin de changement, on observe souvent un fossé important entre l'intention de changer et l'acte à proprement parler. Le chapitre 2 explique que l'une des raisons de ce fossé est due à un manque de confiance entre les employés et les managers, situation malheureusement des plus communes de nos jours. Pour transformer une entreprise, les gens doivent se positionner sur une même ligne et travailler ensemble vers un seul et même objectif, mais cela n'arrivera pas sans cultiver la confiance.

Il y a de nombreuses façons de créer la confiance, et bien des auteurs en ont déjà parlé. Chez HCLT, nous nous sommes attachés à une démarche créatrice d'une confiance particulière en repoussant les limites de la transparence.

Ce faisant, nous nous sommes rendu compte que la plupart des salariés savent très exactement ce qui ne va pas dans l'entreprise, parfois même avant la direction, ou en tout cas avant que la direction ne soit prête à admettre l'existence du problème. Si vous faites circuler l'information librement et que vous reconnaissez publiquement l'existence d'un problème, un sentiment d'appartenance naîtra chez les employés. Ils commenceront à comprendre que les problèmes de l'entreprise sont aussi les leurs, pas seulement ceux des dirigeants. Ils se rendront compte que si la direction est prête à partager des informations importantes, même les mauvaises nouvelles, et qu'elle encourage les discussions sur ces sujets, alors ils peuvent lui faire confiance. Très rapidement, vous commencerez à observer des actions positives, tout en bas de l'échelle hiérarchique, avant même que la direction ait pu décider des mesures à prendre et des solutions éventuelles. Très souvent, nous avons vu des employés commencer à travailler sur des problèmes sans que personne ne leur ait demandé de le faire.

C'est dans les moments difficiles que sont testées les convictions de la direction et son engagement à suivre une nouvelle voie. Nous nous sommes testés durant la récession de 2008-2009, et nous sommes restés dans la course. Cela a créé un formidable climat de confiance entre dirigeants et employés — climat qui fut un réel atout pour l'entreprise lorsque l'on sortit de ce mauvais pas, puis lorsque l'on passa à un niveau supérieur. D'autres entreprises, qui agissent à la hâte pour améliorer les résultats à court terme, se trouvent face à un challenge bien compliqué lorsqu'elles demandent à leurs employés de se donner à fond pour relever l'entreprise suite à la récession. Je pense que nous serons plus à même d'observer cette évolution en regardant ce que feront certaines de ces compagnies dans les années à venir.

## Inverser la pyramide organisationnelle : construire une structure du changement

Même quand les gens comprennent le besoin de changement, après avoir créé une culture de confiance, et quand les employés commencent à agir positivement vers le changement, des failles structurelles peuvent encore brider les résultats, et il convient de garder à l'esprit que la réussite d'une seule initiative n'a rien à voir avec un changement durable. HCLT, et d'autres entreprises dans le monde entier, essayent de mettre en place une entreprise d'un nouvel âge avec des structures vieilles de plusieurs siècles — des hiérarchies et des matrices que beaucoup de théoriciens jugent obsolètes.

Chez HCLT, notre plus gros problème résidait en ce que l'organisation ne soutenait pas les employés dans la *zone de création de valeur* à savoir l'endroit où la valeur est pour ainsi dire créée à l'attention des clients. Au sein d'une entreprise de services, dans une économie du savoir, cette zone de création de valeur se situe dans l'interface entre le client et l'employé. Dans les entreprises traditionnelles, la zone de création de valeur est souvent enterrée profondément à l'intérieur de la hiérarchie bien que ce soit là où les personnes créent le plus de valeur pour l'entreprise. Paradoxalement, ces créateurs de valeur doivent presque toujours rendre des comptes à des chefs et à des managers — typiquement situés en haut de la pyramide ou au sein de postes fonctionnels — qui ne contribuent pas directement à la zone de création de valeur. Mais, parce que ces « supérieurs » sont officiellement en position d'autorité, et que les créateurs de valeur doivent leur rendre des comptes, ils occupent une zone de pouvoir.

Ainsi, pour transférer notre concentration sur la zone de création de valeur, nous avons complètement renversé l'organisation : ceux qui occupent des postes fonctionnels (comme les ressources humaines, la finance, la formation et autres) devaient désormais rendre compte à ceux qui créent de la valeur. Sans passer par ces transferts structurels, le changement est bien plus compliqué, sinon impossible. Et c'est seulement par ces changements dans l'organisation qu'ils deviennent durables et pourront perdurer, même après le départ du leader qui en fut l'instigateur. Le chapitre 3 donne d'importants éléments concernant l'inversion de cette pyramide organisationnelle.

# Redéfinir le rôle du P-DG : transférer la responsabilité du changement

Beaucoup de débats sur le rôle du leader ont eu lieu, particulièrement suite à la récession, et à l'incompétence de certains dirigeants à la résoudre dans certains pays. Le leadership est fondamental dans une entreprise, et le rôle des leaders est peut-être d'autant plus difficile à définir lorsque l'entreprise en question évolue dans l'économie du savoir. L'une des failles structurelles du management traditionnel réside dans la part trop importante du pouvoir que détient le dirigeant. Cela empêche l'entreprise de se démocratiser et de libérer l'énergie des employés. Si votre objectif est de créer un changement durable et d'éviter à votre entreprise de se faire périodiquement distancer, il vous faut réfléchir très attentivement au rôle du bureau autour du P-DG, et pas seulement au rôle de la personne occupant ce poste à ce moment précis.

J'ai appris à cette époque qu'en tant que P-DG, ou en tant que n'importe quel dirigeant ou manager, il faut arrêter de se considérer soi-même comme la seule source de changement. Il faut résister à l'obsession de répondre à chaque question ou de donner une solution à chaque problème. Au contraire, il faut commencer à poser soi-même les questions, à envisager les autres comme une source de changement, et à transmettre la responsabilité de la croissance de l'entreprise à une nouvelle catégorie de leaders, celle qui est plus proche de la zone de création de valeur. C'est la seule manière de commencer à créer une entreprise autogérée et autonome, où les employés au cœur de la zone de création valeur ont le sentiment d'être aux commandes, au sein de laquelle ils s'épanouissent, concentrés sur le changement et l'innovation. En effet, comme je l'explique dans le chapitre 4, le plus grand impact du concept EFCS est de libérer le pouvoir du plus grand nombre et de diminuer l'emprise d'une minorité, augmentant ainsi chaque jour la vitesse et la qualité de l'innovation et des prises de décision dans cette sphère cruciale — la zone de création de valeur.

## Mieux comprendre à partir des incompréhensions : renouveler le cycle du changement

Il est facile de mal comprendre l'intention et les processus EFCS, et dans le chapitre 5, j'aborde les différentes objections que j'ai pu entendre :

- Cela ne fonctionne pas dans les moments difficiles.
- Ce n'est pas nécessaire dans les moments fastes.
- Les clients n'en verront jamais la valeur.
- Cela requiert des initiatives à grande échelle.
- Cela n'améliore pas les performances d'une entreprise.

En fait, les pratiques mises en œuvre chez HCLT, et celles que vous pourriez mettre en œuvre dans votre entreprise, apportent une réelle valeur aux clients durant les bonnes et les mauvaises périodes, ne nécessitent pas d'initiatives et de dépenses importantes, et ont un effet positif sur les performances de l'ensemble.

Ces pratiques doivent être envisagées comme les catalyseurs d'un changement positif. Je surnomme souvent ces pratiques — ou les gens qui en sont à l'origine — « gouttelettes de l'océan bleu », d'après le livre *Stratégie Océan bleu*[3], de W. Chan Kim et Renée Mauborgne, parce que ces petites idées peuvent créer un énorme changement et permettre à une entreprise de rejoindre un niveau de performance complètement nouveau, quelle que soit sa situation au départ.

Les catalyseurs sont de simples actions, bien plus que des programmes de changement élaborés qui se mettent en place, année après année, et qui peuvent participer à la transformation d'une culture sclérosée en une culture en constante évolution. Parfois ces catalyseurs n'entraînent pas le changement escompté, ou peuvent provoquer des effets secondaires inattendus. Ce n'est pas grave, car cela conduit toujours à approfondir les raisons de ces incompréhensions. Lorsque le contexte change, on repart alors sur le chemin de la réflexion.

---

3 - W. Chan Kim et Renée Mauborgne *Stratégie Océan bleu - Comment créer de nouveaux espaces stratégiques*, Pearson Education, 2008.

## Votre propre voyage

Les quatre phases ou composantes que je décris dans le livre peuvent donner l'impression de lancer des challenges très délicats, voire insurmontables. Mais il suffit d'une seule idée catalyseur, une seule goutte dans l'océan bleu, pour commencer à relever ces défis. Beaucoup de dirigeants, qui se sont lancés dans des transformations bien plus considérables que les nôtres, ont compris le pouvoir des catalyseurs. Je pense, par exemple, à la célèbre marche du sel du Mahatma Gandhi ; il a marché jusqu'à la mer, pour protester contre le gouvernement britannique et son monopole sur la production de sel en Inde — une petite action qui a mené à un soulèvement de grande envergure dans le pays.

Je ne crois pas que les catalyseurs que nous avons utilisés soient nécessairement ceux que vous devriez utiliser dans votre entreprise, ou que la manière dont nous avons accompli notre transformation chez HCLT soit celle qui vous permettra de transformer votre entreprise ou vos équipes. Il vous faut vous lancer dans votre propre voyage. Vos phases de réflexion seront très probablement différentes des nôtres. Vos catalyseurs seront peut-être, eux aussi, différents.

Une idée, cependant, est fondamentale à tout voyage de ce genre : renverser les règles du management en faisant passer les employés avant tout.

CHAPITRE 1

# Miroir, mon beau miroir

## Créer le besoin de changement

Commençons par le début du voyage.

Début 2005, les employés de HCLT étaient heureux et fiers. L'entreprise avait dépassé les 700 millions de dollars de revenus annuels. Elle avait de bons résultats de croissance. Les employés avaient beaucoup d'histoires à raconter sur eux-mêmes, sur l'entreprise, nos produits novateurs, les relations avec leurs clients de longue date. La plupart des employés se sentaient bien au sein de l'entreprise.

Certains, cependant, percevaient le revers de la médaille. HCLT était, certes, en pleine expansion, mais cette expansion manquait cruellement de rapidité par rapport aux leaders de l'industrie de services IT. Et en dépit de la croissance de ses revenus, l'entreprise perdait en réalité des parts de marché. Elle perdait aussi rapidement en notoriété hors des frontières indiennes, par rapport aux autres entreprises. HCLT avait de plus un problème humain : certains de ses employés les plus doués s'en allaient travailler chez les concurrents.

Alors que de nombreux observateurs voyaient HCLT comme une voiture de course en tête de l'industrie IT, quelques-uns pensaient que les freins pouvaient lâcher à tout moment et qu'il n'était pas exclu que le véhicule s'écrase contre le mur. Quelle était la réalité de la situation ? C'était la question fondamentale à laquelle HCLT devait répondre — question à laquelle devaient être confrontées bien d'autres entreprises en 2008, au fin fond de la récession. L'entreprise courait-elle un risque si important qu'elle doive tenter une transformation avant qu'il ne soit trop tard ? Ou bien devait-elle simplement courber l'échine et attendre que l'orage soit passé ?

Les choses se sont déroulées de telle façon que je devins la personne en charge de soulever ces questions. Fin 2004, alors que j'étais P-DG de HCL Comnet, une des entreprises du groupe HCL, le président de HCL Technologies eut de gros soucis de santé. Rapidement, je reçus un appel de Shiv Nadar, président et fondateur de l'entreprise.

« Vineet, dit-il, j'aimerais que tu viennes nous rejoindre pour prendre la tête de HCLT. »

Je n'étais pas certain de vouloir le poste. J'étais heureux chez Comnet, cette entreprise que j'avais bâtie avec mon équipe et hissée au niveau mondial. Comnet était considérée comme un pionnier et un leader dominant dans le secteur de la gestion des infrastructures à distance, en plein essor dans l'industrie des services IT. Nous avions créé, développé et réalisé avec succès des opérations dans onze pays ; notre société croissait plus rapidement que ses concurrents. J'avais réussi avec cette start-up, mais la prise en main d'une plus grosse entreprise, bien en place, avec une histoire déjà bien établie, constituait un enjeu très différent. En outre, j'avais toujours préféré les petites structures : l'énergie, la vitesse et l'innovation dans une société comme Comnet (environ 500 millions de dollars de revenus aujourd'hui) représentaient une véritable source d'adrénaline et je ne voulais pas renoncer à cet environnement.

J'imagine que ce n'était pas par hasard si je me retrouvais dans cette situation. J'avais critiqué à voix haute certaines des stratégies mises en œuvre chez HCLT, et j'avais souvent exprimé à Shiv mon sentiment que l'entreprise n'était pas en tête de course, mais plutôt en perte de vitesse. Je n'avais jamais dit, cependant, que je voulais me retrouver, *moi*, aux commandes de la voiture.

J'ai poliment refusé le poste de président que m'offrait Shiv, pensant qu'on en resterait là.

Quelques semaines plus tard, il me rappela et dit : « Viens dîner chez moi. Parlons-en encore un peu. »

Nous avons dîné, et débattu sur le sujet jusqu'à une heure avancée. Shiv comprenait les forces changeantes qui poussaient l'industrie des services (IT), et les problèmes rencontrés par HCLT. Il avait vu ce que nous avions accompli chez Comnet, avec un style de management radicalement nouveau, et en avait conclu que HCLT ne pouvait plus fonctionner de façon traditionnelle. Je lui répondis qu'il était plus que probable que je détruise HCLT telle que nous la connaissions, si je voulais contribuer à son changement. Shiv était un mentor pour moi, autant qu'un ami proche depuis que j'avais fondé Comnet, en 1993, et finalement, il m'était impossible de lui dire non.

« Attention, lui dis-je, les choses doivent être faites à ma façon. Il faut que j'aie la liberté d'adopter une approche non conventionnelle. »

« Bien entendu », dit Shiv.

Et ce fut tout. Il ne me demanda pas ce que serait exactement une approche non conventionnelle — ce qui était une bonne chose, car je n'en avais aucune idée.

## L'absence de point de départ

Une des joies de la vie consiste à observer ses enfants en train d'apprendre de nouvelles choses.

Je me rappelle la première fois que mes enfants ont réussi à tenir un crayon. Ils attrapaient n'importe quelle surface pour écrire, posaient dessus la mine du crayon, et dessinaient une ligne. Ils étaient émerveillés par la magie de cet outil. Après bien des gribouillages, ils apprirent l'art de dessiner une ligne droite en reliant deux points entre eux. Cette simple action leur procura un grand plaisir et de la satisfaction. N'est-ce pas de cette façon que nous essayons de vivre nos vies ? Nous partons d'un point A et tentons d'atteindre un point B.

Ainsi, à l'époque où je me préparais à devenir président de HCLT, je réfléchissais beaucoup au point où nous en étions et à celui que nous voulions atteindre, essayant de cette façon de clarifier notre situation. Je me rendis compte, à ma surprise, que ni un point A ni un point B n'avaient été clairement définis. Les gens avaient des visions différentes sur la situation de la société (en pleine accélération ou fonçant droit dans le mur ?), et personne ne savait vraiment quelle direction nous avions prise, ni décidé de la direction à prendre. Il était évident que le point A restait indéfini — ou que l'entreprise était encore fixée sur un point A qui avait été défini il y a longtemps — parce que nous n'avions jamais vraiment ralenti pour le fixer. Nos concurrents avaient juste appuyé sur l'accélérateur et croissaient alors bien plus rapidement que nous.

J'observais les autres entreprises, à la recherche d'un modèle vers lequel nous pourrions évoluer. La plupart d'entre elles savaient précisément ce qu'était leur point B. Il s'articulait entre leur vision, leur mission et leurs objectifs. Mais à mon grand étonnement, je me rendis compte que la plupart d'entre elles n'avaient pas défini leur point A avec autant de clarté. Elles laissaient de côté cet élément vital, dans un environnement en constante évolution qui pouvait du jour au lendemain rendre une entreprise dépassée. Dans la plupart des cas, la seule définition du point A consistait en quelques données financières ou autres critères de base, qui ne donnaient qu'un point de vue plutôt limité sur la situation réelle de l'entreprise.

J'étais déconcerté. Est-il possible de bâtir un plan pour atteindre un point B sans comprendre ou tomber d'accord sur le point A ? À mon avis, non. Un enfant peut-il dessiner une ligne sans d'abord poser la mine de son crayon sur un point précis du papier ?

Cette réflexion nous permit de clarifier la première étape à franchir : il nous fallait définir notre point A et regarder ce qui avait changé.

## Les changements environnementaux

La performance d'une entreprise par rapport à ses concurrents est juste l'un des éléments définissant le point A. Il est tout aussi important d'examiner la totalité du paysage industriel qui est le vôtre pour voir comment il évolue. Souvent, le paysage a tellement changé que le point A d'origine ne se trouve même plus sur la carte.

Pour HCLT, le changement fondamental du paysage résidait dans le fait que depuis cinq ans, la technologie informatique était devenue le cœur de toute stratégie d'entreprise. Des sociétés comme Boeing, Dell, Amazon.com et eBay avaient utilisé la technologie pour changer les règles du jeu de façon si spectaculaire qu'ils jouaient en fait à un jeu complètement différent, laissant derrière eux leurs concurrents qui tentaient de les rattraper depuis la cour des petits ou qui décidaient finalement d'abandonner la partie.

Depuis 2005, le rôle de la technologie dans le secteur allait encore plus loin, avec les développements des télécommunications, les services web, et les médias sociaux. La technologie était devenue centrale, non seulement pour la stratégie des modèles économiques existants, mais aussi pour créer et développer des modèles complètement nouveaux, par exemple la réinvention de la chaîne d'approvisionnement globale de Li & Fung ou l'invention d'un nouveau modèle de revenus en ligne par Google.

Tous ces changements ont considérablement accru l'importance du rôle du directeur des systèmes d'information (CIO[4]). Dans la hiérarchie traditionnelle, les dirigeants seniors formulent la stratégie, les opérationnels, au milieu de l'échelle, convertissent cette stratégie en une série d'actions, et les services IT au bas de l'échelle trouvent les façons d'automatiser celles-ci pour les rendre aussi efficaces et peu coûteuses que possible. Dans ce modèle traditionnel, les managers interagissent rarement avec les services IT ; ils se contentent de les diriger.

---

4 - Chief Information Officer, appelé aussi Information Technology Director (IT Director).

Aujourd'hui, cependant, on attend des CIO qu'ils proposent de meilleures méthodes, plus rapides et moins chères, qui se démarquent de celles des concurrents afin de prendre cette longueur d'avance si convoitée. Le changement est si important qu'un nouveau parcours de carrière s'est ouvert, permettant de passer directement de la fonction de CIO à celle de P-DG (CEO). Il y a seulement quelques années, il aurait été très rare de voir un CIO devenir dirigeant senior, mais cela est devenu relativement commun maintenant. David Bernauer, CIO de Walgreens, en est devenu P-DG ; Bruce Giesbrecht est passé de CIO de Hollywood Entertainment au poste de P-DG ; et cinq ou six autres en ont fait autant. Je pensais alors que ce phénomène (que je me plais à surnommer « la réincarnation du CIO ») était le signe d'un avenir très différent pour une entreprise IT et ses dirigeants.

Dans l'organisation traditionnelle de ces services IT, le CIO jouait souvent le rôle de la gouvernante qualifiée. Dans les nouvelles structures, on attendait des CIO qu'ils soient proactifs, qu'ils insufflent du changement, qu'ils apportent une certaine souplesse fonctionnelle, et qu'ils dirigent des opérations cruciales. En d'autres termes, les principaux clients de HCLT — les CIO et leur personnel — étaient en train de changer radicalement leurs manières de travailler. La majorité de l'industrie résistait encore contre la rapidité de ce changement. La plupart des employés de HCLT n'avaient pas pris encore conscience de son impact.

Il fallait que nos employés voient, très clairement, la réalité de ce point A dans l'industrie en général, et, au cœur de cette industrie, la réalité du point A de HCLT.

## Regarder dans le miroir

Nous avons finalement appelé le processus que nos employés ont suivi pour analyser notre situation au point A « Miroir, mon beau miroir ».

« Miroir, mon beau miroir » est un exercice de communication avec les employés à tous les niveaux de l'organisation sur la vérité telle qu'ils la voient, pour les amener à mettre en évidence les problèmes importants dont tout le monde connaît les tenants et les aboutissants, mais qui n'ont jamais été reconnus publiquement. Il s'agit d'amener tous les membres de la hiérarchie à se regarder dans le miroir et décrire ce qu'ils voient avec honnêteté et précision.

On ne peut pas y arriver en envoyant un mémo et en disant aux gens de regarder la réalité en face. Le processus doit être appliqué à chaque personne, face à face, ensemble. Ainsi, le jour où j'ai endossé mon nouveau rôle de président de HCLT, j'ai sauté dans un avion et passé les deux semaines suivantes à visiter nos établissements et à parler à autant de gens que possible, à tous les niveaux hiérarchiques.

Je choisis ma première escale avec la plus grande attention : la ville de Chennai, dans le sud de l'Inde, berceau de l'ingénierie HCLT. La plupart de nos succès sont dus à la capacité de cette équipe d'ingénieurs à repérer les tendances technologiques émergentes, à développer de nouveaux produits, et à les lancer sur le marché avant nos concurrents. J'y avais travaillé plus tôt dans ma carrière, en tant que chef de produit, participant ainsi à de nombreuses réussites de projets avec cette équipe. Je savais que Chennai était le bon endroit pour commencer.

Le premier jour de mon voyage « Miroir, mon beau miroir », j'ai atterri à Chennai, pris une voiture jusqu'à l'établissement principal, et quelques minutes plus tard, j'entamai une réunion avec les quelque cinq cents membres de l'équipe des services d'ingénierie. J'exposai en toute honnêteté ce que je pensais de la situation actuelle — ma définition du point A — ainsi que les thèmes sur lesquels j'allais insister encore et encore durant les prochaines semaines.

- HCLT avait perdu son avance dans la compétition parce que nous acceptions un changement graduel qui ne convenait pas à l'évolution rapide de l'industrie, et, pire encore, nous en étions arrivés à considérer ce rythme comme un progrès acceptable.

- L'entreprise pouvait en outre s'effondrer n'importe quand, et disposait d'un temps très réduit pour empêcher ce désastre.

- La seule façon d'empêcher une telle catastrophe était d'accélérer, d'agir plus rapidement, et de transformer l'entreprise et son mode de fonctionnement.

Après ces propos, j'attendis les réactions. Il y eut peu de commentaires. J'avais en quelque sorte prononcé l'imprononçable, et la blessure était trop grande pour permettre toute conversation. La fierté que nous retirons de notre travail et de notre passé peut rendre la vérité difficile à entendre, pire encore, à accepter. Il y eut quelques questions sur ce qu'il fallait faire à présent, et sur ce que tout cela impliquait. Pour beaucoup de ces questions, je n'avais pas de réponse. « Je n'ai pas encore toutes les réponses, leur dis-je, peut-être ne les aurai-je jamais. Il faudra qu'elles viennent de vous. » Ceci les troubla encore plus. Comment pouvais-je leur assurer qu'il fallait changer sans leur dire exactement comment faire ?

Quelques années plus tard, certains membres de l'équipe des services d'ingénierie qui avaient pris part à cette session m'ont dit qu'ils avaient reçu mes commentaires comme une critique personnelle, et qu'ils s'étaient sentis blessés. Je savais, alors, que mes propos étaient blessants, mais je savais qu'il était nécessaire de montrer du doigt cet énorme problème que personne ne semblait remarquer, afin que tous commencent à y réfléchir. Sans la participation des employés et leur acceptation du point A, nous ne pourrions jamais atteindre le point B.

## Tous à bord ?

Je quittai Chennai en me demandant comment tout ceci allait tourner. Une semaine plus tard, j'étais aux États-Unis, et rendais visite à nos nombreuses succursales américaines. Deux semaines plus tard, je m'étais rendu à Londres, Francfort et Tokyo, puis étais retourné à Bangalore et Delhi. J'avais discuté avec des milliers d'employés, de clients, de partenaires. Lors de ces rencontres, j'avais fait les mêmes remarques encore et encore, entendu souvent les mêmes questions et commentaires, et constaté les mêmes blessures et la même confusion.

À travers mes rencontres avec les membres de l'entreprise, et alors que je les observais, une image de mon enfance me revint à l'esprit. Quand j'étais petit garçon, il arrivait parfois que nous prenions le train tous ensemble, en famille. Nous nous précipitions à la gare pour attendre l'arrivée du train. Quand enfin il entrait en gare et s'arrêtait, le conducteur descendait sur le quai et criait d'une voix sonore : « Tous à bord ! » Il n'y avait aucune hésitation dans cette foule en attente. Ils avançaient en masse dans l'espoir de trouver une place assise. J'ai toujours aimé entendre l'appel du conducteur et constater le résultat immédiat.

Lors des premières réunions, je me voyais dans la peau de ce conducteur, tonitruant : « Tous à bord ! » Mais le résultat était bien moins enthousiaste que celui produit dans la gare de mes souvenirs. Je commençai à me demander : « Les gens vont-ils monter à bord ? *Faut-il* que tous montent à bord ? Comment saurai-je s'ils ont effectivement embarqué ? » Au fur et à mesure de nos réunions et conversations, il était de plus en plus clair que certaines personnes allaient de toute évidence monter à bord, que d'autres ne franchiraient jamais le pas, et que d'autres encore hésitaient.

Je baptisai ces trois catégories : les « transformeurs », les âmes perdues et les attentistes.

Les *transformeurs* attendaient l'appel du conducteur depuis longtemps. Lorsque je les ai rencontrés, ils se montraient agressifs, même en colère contre la situation de l'entreprise. Ils voulaient un changement immédiat, plus vite que nous ne pouvions le faire. Ils avaient vu les mêmes choses que moi dans le miroir. Ils étaient frustrés de n'avoir pu mettre en place ces changements qu'ils jugeaient nécessaires. Ils se sentaient étouffés par la hiérarchie.

Je compatissais, et pourtant je ne comprenais pas vraiment leur sensation d'étouffement. Qu'est-ce qui les empêchait de créer un changement ? Qu'est-ce qui se mettait en travers de leur route ? Ce fut bien plus tard que je me rendis compte que c'était l'organisation elle-même qui était la cause de leur frustration. Par conséquent, les membres de ce groupe me regardaient avec l'espoir que ce que je disais au sujet du changement était réel, mais aussi avec scepticisme, incertains qu'il se passe vraiment quelque chose.

Lors d'une réunion, un transformeur m'a posé une question très révélatrice : « Vineet, dit-il, merci de venir jusqu'ici et de nous écouter. Mais est-ce que nous vous reverrons un jour ? »

Voilà une question qui m'a vraiment frappé, d'autant plus que cinq cents personnes se trouvaient dans la pièce, attendant patiemment ma réponse. En toute honnêteté, je ne savais pas quand je reverrais ce groupe, ou si j'allais un jour le revoir, mais je n'avais pas encore atteint ce stade me permettant d'être aussi transparent dans mes réponses que je le suis finalement devenu. Je ne me souviens pas exactement de ma réponse, mais les transformeurs me disaient qu'elle n'était pas convaincante.

*Les âmes perdues.* Le deuxième groupe est celui que j'appelle les âmes perdues. Ils assistaient aux réunions, le sourcil froncé. Peu importe ce que nous faisions ou ce que nous proposions de faire, tout était, à leur avis, sans espoir et mauvais. Leur négativité allait bien au-delà de leur attitude sur certains points spécifiques. Ils étaient convaincus qu'il n'y avait absolument rien à faire, qu'aucun plan de quelque nature que ce soit ne changerait quelque chose.

Cet avis aurait pu être tolérable s'ils l'avaient gardé pour eux. Mais les âmes perdues ont tendance à commenter à voix haute et à adopter une certaine attitude qui pollue ainsi le dynamisme des réunions auxquelles ils prennent part ou celui des équipes qu'ils rejoignent. Si je disais quelque chose comme : « Je ne sais pas comment on va y arriver, mais croyez-moi, nous y parviendrons », les âmes perdues tombaient sur mes paroles à bras raccourcis. Pour eux, admettre que je ne savais pas quelque chose prouvait mon incompétence. Ils n'y voyaient ni honnêteté ni transparence.

Même si je les appelle les âmes perdues, je ne pense pas que ces gens étaient intentionnellement obstructionnistes, qu'ils voulaient faire du mal ou qu'ils étaient incapables de contribuer à quoi que ce soit. Peut-être même ne s'étaient-ils pas rendu compte de leur pessimisme. Je pense qu'ils se considéraient souvent comme des réalistes, les voix de la vérité, comme les seuls qui comprenaient vraiment comment les choses fonctionnaient, ou ne fonctionnaient pas.

*Les attentistes.* Le troisième groupe, qui englobait le plus d'employés, était celui des attentistes. Ce sont eux qui parlaient le moins dans les réunions, posaient rarement de questions mais néanmoins observaient avec attention les transformeurs et les âmes perdues. Quand nos yeux se croisaient, ils me souriaient toujours. Ils disaient des choses positives sur HCLT au bon moment. Cependant, il était clair qu'ils étaient en mode « observer et attendre ».

Après avoir classifié les employés en trois groupes, je réfléchissais à la manière d'embarquer le plus grand nombre possible d'entre eux.

À l'époque, je n'avais pas lu *Le Point de bascule*[5], le livre de Malcolm Gladwell, et son analyse sur la façon d'agir afin d'amener des mouvements sociaux à changer jusqu'à un point de non-retour. Mais j'avais conscience de la nécessité d'impliquer dans le changement une partie importante des employés, et je savais que seulement 10 % de la population totale de l'entreprise pouvaient suffire, du moment qu'il s'agissait des bonnes personnes.

Alors j'ai décidé de me concentrer sur les transformeurs. Si je pouvais les faire monter à bord, ils embarqueraient avec eux beaucoup d'attentistes. Et au fur et à mesure que les gens grimperaient dans le train, les âmes perdues se tairaient, démissionneraient, ou parfois rejoindraient elles-mêmes le convoi.

Je découvris, cependant, qu'aussi sûr que les transformeurs veulent du changement, les attentistes sont intelligents, observateurs, et ne se laissent pas duper. Ils écoutent attentivement ce qu'on leur dit mais considèrent qu'explications et preuves sont nécessaires. Comme nous le verrons plus tard, il faut bien plus qu'un « tous à bord ! » passionné et la promesse d'un avenir radieux pour gagner leur confiance, leur soutien et leur engagement.

---

5 - Malcolm Gladwell, *Le Point de bascule*, Transcontinental, 2003.

## Un autre facteur externe : la culture de l'excuse

Alors que ces conversations suivaient leur cours, je commençai à me rendre compte qu'il y avait un autre facteur qui entrait en ligne de compte dans la situation de notre entreprise et dans l'attitude des gens face à celle-ci. Ce facteur se trouvait à l'extérieur de l'entreprise, pas tant dans le paysage de l'industrie de services IT, que sur la scène économique mondiale. J'ai appelé cela la culture de l'excuse.

J'ai commencé à y réfléchir en réaction à un curieux mode de comportement que j'ai pu observer chez certains de nos managers. Ils regardaient dans le miroir, ils voyaient la réalité de la situation, et pour autant ne se sentaient pas obligés d'y remédier. Ils étaient devenus trop confiants, campant confortablement sur leurs acquis, et pensaient que tout ce qui allait mal était la conséquence de circonstances hors de leur contrôle. Ils avaient une excuse pour tout :

« La situation économique est désastreuse, il n'y a rien à faire. »

« Quel intérêt d'améliorer nos exigences pendant que des dirigeants de grosses sociétés ont un comportement transgressant ces exigences et vont en prison pour des affaires scandaleuses ? »

« Des entreprises entières s'effondrent, des banques explosent, on peut se féliciter d'être toujours dans la course. »

Cette façon de penser me mettait un peu hors de moi, mais cela augmentait à mes yeux l'importance de l'exercice du miroir. Il fallait que les gens puissent observer la réalité de la façon la plus complète possible. Alors, seulement, pourrions-nous dépasser cette liste d'excuses.

## Ma propre expérience du miroir

J'ajouterai que les employés ne sont pas les seuls à devoir regarder dans le miroir, de même qu'ils ne sont pas les seuls à exceller dans l'art de justifier la faiblesse de leurs performances par des facteurs externes. Les dirigeants sont tout aussi prompts à éviter le miroir et à se trouver toutes sortes d'excuses.

Heureusement, pour ce qui était de regarder la réalité en face, j'avais de l'entraînement. Ma première expérience du miroir eut lieu quand j'ai fait mes premiers pas chez HCL, en 1985, en tant que cadre supérieur stagiaire. Je venais d'obtenir mon MBA à l'école de commerce et de ressources humaines XLRI. J'avais souhaité rejoindre une petite société pour pouvoir agir plus rapidement sur les résultats que dans une grosse structure, et ainsi, bouillonnant d'idées pour améliorer et développer HCL, j'étais certain de rapidement m'élever dans ses rangs. Pourtant, après seulement trois semaines de stage, un cadre supérieur m'informa que je n'avais probablement pas d'avenir chez HCL. Je tombai des nues. « Pourquoi ? » demandai-je. « Parce que tu ne t'es pas suffisamment renseigné sur nos produits, assura-t-il, tu ne t'attaches qu'à la stratégie. »

Je n'en croyais pas mes oreilles. Je commençai à bredouiller mais aucune réponse ne me vint à l'esprit, alors je rougis sans rien dire.

« Écoute, Vineet, reprit le cadre, notre domaine, ce sont les produits. Si tu ne les connais pas sur le bout des doigts, tu n'iras pas loin chez HCL. En fait, tu ne resteras pas plus d'une semaine. »

Je rentrai chez moi et passai la soirée à faire les cent pas dans ma chambre, frustré et en colère, à réfléchir à ce que je devais faire. Je me disais que le cadre supérieur avait une vision de l'entreprise très étroite, et j'étais convaincu qu'il se trompait à mon sujet.

Juste avant d'aller me coucher, cependant, je me regardai dans le miroir. Je ne reconnus pas le jeune diplômé à la conquête du monde, le futur cadre supérieur que je pensais être. Au lieu de cela, je vis un jeune stagiaire qui, en vérité, n'avait pas passé suffisamment de temps à apprendre les caractéristiques des produits de l'entreprise, et leurs différences avec ceux de la concurrence. Il fallut reconnaître que le cadre n'avait pas tort. Je compris que je ne pouvais pas travailler dans une entreprise de hautes technologies et espérer devenir cadre supérieur sans une maîtrise complète de ses produits. Je n'avais pas vu la réalité très clairement.

Fort de cette image, je cessai de m'apitoyer sur mon sort. Je décidai de faire de cette expérience une opportunité. Je me promis de modifier mon comportement. Je suis retourné en stage le lendemain, mettant toute mon énergie à connaître les produits et services de HCL, et un mois plus tard, j'étais nommé manager à la succursale de Mumbai, pour l'une des missions les plus délicates de l'entreprise.

Ce fut ma première expérience du genre : regarder dans le miroir, admettre la vérité, et décider des changements nécessaires. En 2005, il fallut en repasser par là. Il me fallait regarder dans le miroir et réaliser en toute honnêteté la personne que j'étais alors et analyser l'entreprise que j'étais censé diriger.

## Regarder dans le miroir et y trouver le passé

Nos employés étaient en train de regarder dans le miroir, lorsque j'observai quelque chose d'étrange. Je me rendis compte que beaucoup d'entre eux fixaient en fait leur regard sur le passé, comme on regarde dans le rétroviseur le paysage que l'on a déjà traversé.

Il me fallut du temps pour comprendre cela.

J'avais passé douze ans chez Comnet, et j'étais très habitué à son environnement entrepreneurial et à son rythme de fonctionnement rapide. Une start-up, par nature, implique une volonté de changer quelque chose : une technologie, une entreprise, le monde. Quand, chez Comnet, on regardait dans le miroir, on apercevait l'avenir.

C'est la raison pour laquelle il me fallut du temps pour comprendre que beaucoup trop de gens chez HCLT étaient concentrés sur le passé. Ils voyaient vingt-sept ans de réussite. Des bonds de croissance grisants. Une reconnaissance et une fierté nationale. Pas étonnant que l'entreprise s'enlise dans la nostalgie du paysage d'hier. C'était peut-être la seule image qui apportait plaisir et réconfort. Le présent était trop frustrant. L'avenir était trop incertain.

N'est-ce pas un trait caractéristique de beaucoup d'entreprises aujourd'hui ? Peut-être de la vôtre ?

Chez HCLT, il fallait arrêter de contempler le passé.

Mais comment faire ? Fallait-il que j'envoie brutalement le miroir dans le décor ? Fallait-il que je dise : « Vous regardez dans le miroir et vous pensez que HCLT est toujours leader. Mais en réalité, HCLT n'est plus désormais en tête de course » ?

Non. Cela reviendrait à se comporter comme un P-DG autoritaire de la vieille école. De plus, cette approche n'aurait eu d'autre effet que de déprimer les gens, les blesser, les choquer, provoquant en eux l'effet contraire à celui escompté : l'inaction.

Il me fallait frapper un coup mesuré. D'un côté, il fallait que les gens se rendent compte que HCLT n'était plus le leader d'autrefois. D'un autre côté, je ne voulais pas entamer la grande fierté que les employés retiraient de leur entreprise et de ses gloires passées, parce que la fierté peut être une grande source de force lorsqu'elle est associée à un désir de changement.

La seule solution qui me venait à l'esprit était de proposer une vision que nos employés pourraient espérer atteindre, une image bien plus attractive que ce qu'ils voyaient en regardant en arrière, et si séduisante qu'ils auraient hâte de voir ce qui allait se passer.

Mais quelle serait cette image ? À quoi fallait-il que notre avenir ressemble ?

## De surprenantes conversations avec les clients

Durant la phase « Miroir, mon beau miroir », en plus de mes rencontres avec des employés dans le monde entier, j'ai rencontré et discuté avec bon nombre de clients.

Je me rappelle très clairement l'une de ces rencontres ; il s'agissait du CIO d'une multinationale. HCLT venait d'achever brillamment un projet crucial pour cette entreprise. J'entrai dans la salle de réunion où attendaient l'équipe HCLT et le CIO. Je m'attendais à un grand sourire, une poignée de main, une tape dans le dos et au bruit des bouchons de champagne.

Au contraire, le CIO me dit à peine bonjour et reporta toute son attention sur l'équipe HCLT. « Je vous remercie tous pour l'excellent travail que vous avez fourni sur notre projet, dit-il, non seulement vous avez rempli votre mission, mais vous êtes allés largement au-delà de nos espérances. Ce fut un bonheur de travailler avec vous. » Les uns après les autres, il leur fit à chacun une accolade. Puis il se tourna vers moi : « Vineet, dit-il, vous êtes nouveau ici, vous ne savez pas encore la chance que vous avez d'avoir avec vous des gens si formidables. » Je fus surpris et étonné par l'émotion dans sa voix.

Cette scène restera longtemps gravée dans ma mémoire.

Peu de temps après, j'assistai à une réunion bien différente, avec un autre client. Cette fois-ci, le projet avait été catastrophique. Nous n'avions pas respecté les délais et n'avions pas rempli toutes les conditions du contrat de départ. J'entrai dans la pièce où l'équipe de ce projet attendait, prêt à expliquer au client comment nous corrigerions nos erreurs.

Avant que je n'ouvre la bouche, il me regarda droit dans les yeux et dit : « Vineet, vos employés ont fait tout ce qu'ils ont pu. Le problème, c'est qu'ils n'avaient pas le soutien nécessaire de leur hiérarchie. Dans le cas contraire, je suis sûr qu'ils auraient été en mesure d'atteindre les objectifs. » Il était en colère après moi, pas après l'équipe.

Encore une fois, je fus frappé et surpris par cet épisode.

Aucun des clients n'avait dit mot sur nos services ou nos produits. Ils avaient seulement fait des remarques sur les membres de l'équipe, les employés avec lesquels ils avaient travaillé. Se pouvait-il qu'ils voient plus de valeur dans les personnes, les employés qui leur fournissent les services, que dans les services et les technologies de support en eux-mêmes ?

## La Génération Y

Le nouveau paysage IT et mes conversations avec les employés et les clients m'ont amené à regarder de plus près les employés qui créaient le plus de valeur pour nos clients. J'ai réalisé qu'un groupe en particulier se comportait différemment des autres et se composait très certainement de transformeurs : les employés de la génération Y.

Contrairement à ceux qui étaient depuis longtemps dans l'entreprise, qui s'étaient habitués à l'organisation traditionnelle, ces jeunes gens n'étaient pas impressionnés par mon statut de président. Les titres et les intitulés des postes leur importaient peu ; ils n'attendaient pas que leurs supérieurs leur disent quoi faire. Ils me posaient des questions très précises. Mais ils ne s'attendaient pas à la réponse parfaite, ni même à une solution. Ils croyaient à la collaboration. Ils aimaient apprendre. Ils partageaient tout — l'information, la musique, les idées, les intuitions. Ils passaient beaucoup d'heures (pas toutes sur leur temps de travail, j'espère) sur Orkut, Facebook, MySpace, YouTube, et beaucoup d'entre eux tenaient un blog pour partager leurs idées avec le monde entier.

Ces jeunes-là étaient les pivots des équipes sur lesquelles ont porté mes conversations avec les clients. C'était eux qui faisaient le vrai travail. Eux qui rencontraient les clients. Qui fournissaient les produits et les services. Qui travaillaient à résoudre les problèmes. Qui méritaient soutien et compliments.

Je me rendis compte qu'ils étaient, par eux-mêmes, la valeur que nous offrions aux clients. Pris tous ensemble, ils composaient la zone de création de valeur au sein de la hiérarchie de HCLT. Sans eux, sans cette zone de création de valeur, l'entreprise n'était rien qu'une coquille vide, faite de strates de management, de contrôles et de méthodes qui n'avaient rien à offrir au client.

C'est pour cette raison que ce premier client avait donné l'accolade à chacun des membres de l'équipe. Pour cette même raison que le second m'avait tenu pour responsable, moi et non pas l'équipe, de l'échec de l'entreprise. Ils savaient que la direction ne se trouvait pas dans la zone de création de valeur, pas même à proximité. Ils reconnaissaient qu'en fait, le management gêne parfois la création de valeur. La direction ne disait pas aux employés de la zone de création de valeur : « Que pouvons-nous faire pour vous aider ? » Au lieu de cela, nous perdions leur énergie et leur temps précieux en leur ordonnant des présentations sans fin, sur des sujets hors de propos et des rapports sur ce qu'ils avaient fait ou n'avaient pas fait.

Non seulement nous devions arrêter de leur faire perdre leur temps, mais surtout, il nous fallait trouver un moyen de placer cette zone de création de valeur au centre de notre organisation.

## La pyramide archaïque

Ces observations me permirent de comprendre qu'il fallait tenir le miroir devant l'organisation elle-même, pas seulement devant les employés. Quelle était la réalité de la structure organisationnelle de HCLT ?

Il ne fallut que peu d'efforts pour déterminer qu'il s'agissait d'une hiérarchie traditionnelle — la pyramide archaïque, avec une minorité en haut, une majorité en bas, et tout le restant entre les deux. On a longtemps considéré que la zone de création de valeur, l'endroit où l'essentiel du travail de l'entreprise était réalisé, comprenait les départements R&D[6] et la fabrication, où les produits étaient créés et conçus. C'est là que les puces les plus rapides ont été développées, que les nouvelles technologies ont été inventées, qu'on a ajouté des fonctions plus intelligentes.

---

6 - R&D : Recherche et Développement.

Mais comme l'ont démontré mes conversations avec les clients et mes observations sur les transformeurs de la génération Y, la nouvelle économie du savoir avait changé tout cela. La zone de création de valeur ne se trouvait plus dans la technologie elle-même, et certainement pas dans un hardware ou software spécifique. Les clients pouvaient faire leur choix parmi plusieurs technologies, plusieurs distributeurs, qui, autant les uns que les autres, leur permettraient d'atteindre leurs objectifs.

La zone de création de valeur se trouvait désormais dans la manière dont les technologies étaient combinées et mises en place — le *comment* de notre offre, bien plus que le *quoi*. Mais ces transformeurs n'étaient pas convenablement respectés et soutenus au sein de cette pyramide archaïque, conçue à l'origine pour mettre en valeur les détenteurs du pouvoir hiérarchique plutôt que les créateurs de valeur client.

## Servir la zone de création de valeur

J'ai retourné le problème dans ma tête. Comment pourrions-nous renforcer la zone de création de valeur ? Comment pourrions-nous déplacer l'attention depuis le *quoi* de notre offre vers le *comment* de la production de valeur ? Qu'est-ce que la direction pourrait faire différemment ?

Une image révolutionnaire me vint à l'esprit : une pyramide inversée. Et si nous pouvions retourner complètement l'organisation traditionnelle ? Et si la direction devait aussi rendre des comptes à la zone de création de valeur et à ceux qui la composent, pas seulement dans le sens contraire ? Et si la pyramide organisationnelle pouvait être inversée ? La base deviendrait le sommet, le sommet se trouverait à la base.

Les employés d'abord.

Les clients ensuite.

La direction… en troisième position ?

Si nous pouvions mettre cela en place, n'aurions-nous pas quelque chose de très puissant ? Cela ne nous permettrait-il pas de transformer la façon de créer de la valeur pour nos clients, et de faire de la zone entre nos clients et nos employés un lieu privilégié ?

Après tout, les entreprises ne peuvent pas toutes créer un nouveau produit ou un service pionnier ; nous ne sommes pas tous des Google ou des Facebook. Il nous faut trouver d'autres moyens pour nous différencier, pour créer une valeur réellement originale pour nos clients. Mais ce genre de transformation ne nous permettrait-il pas de nous démarquer de nos concurrents ? Cela ne nous aiderait-il pas à nous engager plus auprès de nos employés et à enflammer leur imagination ? Une telle transformation, bâtie de toutes pièces, ne serait-elle pas plus durable ? Était-ce ainsi qu'il fallait construire cet avantage concurrentiel dont nous avions tellement besoin ?

Je savais que la réponse était oui.

## L'aspiration au point B : la romance de demain

La pyramide inversée était le préambule de l'idée qui finalement, après de longues discussions avec mon équipe de direction et avec les gens au sein de l'entreprise, fut résumée ainsi : « Les employés d'abord, les clients ensuite ».

Être leader et avoir une idée, c'est une chose ; amener l'organisation à s'y plier en est une autre. Je savais que mes discours aux employés sur les structures organisationnelles, avec les zones de création de valeur, les avantages comparatifs, et le concept EFCS, ne suffiraient pas. Il fallait que j'amène tout le monde à regarder l'image future du point B, qui remplacerait celle du passé qu'ils aimaient tant.

Il fallait que l'image soit attirante. Quand des adolescents, filles ou garçons, se regardent dans le miroir, que voient-ils ? Barack Obama. Oprah Winfrey. Steve Jobs. Ou A. R. Rahman, le compositeur qui a remporté deux oscars pour la musique de *Slumdog Millionnaire* ? Les adolescents tombent dans la romance de demain, dans l'aspiration au point B. Je voulais que nos employés se sentent de nouveau comme des adolescents, avec des visions d'infinies possibilités devant eux.

Alors tout au long du printemps, j'ai passé des centaines d'heures à discuter avec des personnes à tous les niveaux de l'entreprise, explorant ce concept de pyramide inversée, la mettant en rapport avec l'idée des employés d'abord et des clients ensuite. Je voulais qu'ils comprennent qu'il nous fallait secouer les choses, mettre la direction au service des employés de la zone de création de valeur, et prendre en compte les caractéristiques de la génération Y. Je souhaitais également qu'ils sachent que le changement ne voulait pas dire dévaluer les grandes réalisations de HCLT effectuées depuis des années ou dénigrer les gens formidables que nous avions parmi nous.

J'utilisai des histoires et j'usai de métaphores pour donner du sens à mes mots, ainsi que je le fais encore aujourd'hui, notamment tout au long de ce livre. « Pensez au tailleur de diamants, ai-je raconté. Il part d'une pierre brute et utilise ses connaissances pour en faire quelque chose de beau. Ou pensez au potier. Il prend de l'argile crue et la façonne pour donner un magnifique vase. S'il n'y avait pas d'imperfections dans le monde, nous n'aurions pas besoin du tailleur de diamants ou du potier. On peut en dire autant des entreprises. Préféreriez-vous travailler dans une entreprise où tout est parfait et où l'on n'aurait besoin de rien changer ? Ou dans une entreprise qui a besoin d'être transformée ? »

De même que lors de nos discussions sur le point A, celles traitant du point B divisèrent les gens en trois catégories désormais prévisibles : les transformeurs, les âmes perdues et les attentistes. Nos histoires et métaphores avaient beau motiver nos transformeurs, il semblait qu'il n'y en aurait jamais assez pour atteindre un point de bascule. Cependant, au fil du temps, alors que les gens posaient des questions de plus en plus précises et pertinentes et que nos conversations gagnaient en profondeur et en authenticité, de plus en plus d'employés commencèrent à s'enthousiasmer devant l'image de la pyramide inversée. Ils comprenaient que l'entreprise allait devenir un lieu de travail plus attractif parce que la direction dépendait d'eux pour intégrer le changement. De plus en plus de gens montaient à bord, mais surtout, beaucoup des transformeurs frustrés, qui avaient quitté l'entreprise, commencèrent à revenir vers nous.

## Sur les traces des trois héros

Alors que le processus démarrait chez HCLT, je pensais à mes trois héros — Mahatma Gandhi, Nelson Mandela, et Martin Luther King Jr — et à la façon dont ils avaient contribué au changement dans leurs sociétés. Je me rendais compte que même s'ils avaient déclamé de nombreux discours et pris position sur bien des sujets, ces trois leaders étaient célèbres pour des raisons bien plus profondes que leurs actions en elles-mêmes. Ils avaient aussi transformé la façon de penser de leurs compatriotes ; celle-ci devait perdurer longtemps après leur mort.

Ces grands leaders n'ont pas formulé leur stratégie en se retirant avec leurs amis les plus proches dans un endroit privé, pour sortir ensuite faire une déclaration au peuple. Non, ils ont parcouru les routes de leur pays, rencontré les gens, et parlé sans cesse avec eux. De cette manière, ils ont tenu le miroir face à leur société et aidé leurs peuples à repérer et comprendre ce qui n'allait pas. Ces leaders ont été capables de faire prendre conscience aux gens de leur situation dans leur pays et de leur mécontentement, sans pour autant dénigrer leurs réussites ou déshonorer leur passé, en aucune façon. Gandhi, Mandela et King ont aidé leurs compatriotes à voir le point A. Ils ont aussi travaillé avec eux pour créer une idée de l'avenir, ce point B qui amenait les gens à aspirer au changement. La combinaison qui en résultait — un mélange d'insatisfaction, de fierté conservée et d'enthousiasme — donnait une potion très excitante et difficile à refuser.

Bien évidemment, je ne prétends pas que nous étions, chez HCLT, les seuls à suivre la voie de la transformation. Bien d'autres entreprises ont créé leur propre version de l'exercice du miroir, et développé leurs propres systèmes d'identification des points A et B.

D'autre part, même si ce livre se concentre sur la façon dont nous avons utilisé l'exercice du miroir pour entamer notre transformation en 2005, nous nous sommes appuyés sur lui à nouveau en 2008, lors de la crise économique mondiale. Nous nous sommes remis face à lui pour voir où nous en étions et comment nous réagissions à la situation. En d'autres termes, le procédé « Miroir, mon beau miroir » est juste un élément d'un cycle permanent. Il nous a aidés à changer en 2005. Nous avons ressorti le miroir en 2007 pour observer clairement les progrès que nous avions faits et nous en réjouir. Nous l'avons utilisé de nouveau en 2008, quand les défis de l'entreprise avaient changé. Il est essentiel de comprendre que le concept du miroir doit se retrouver de façon périodique dans la vie d'une entreprise, pas juste une fois.

Je ne savais pas exactement où nous allions, au printemps 2005. Les gens avaient regardé dans le miroir et beaucoup d'entre eux voyaient la réalité de notre point A. Cela avait créé l'indispensable aspiration au changement. J'estimais aussi que le concept EFCS commençait à avoir du succès. Mais maintenant que nous avions conduit l'entreprise à comprendre le présent et à contempler les possibilités du futur, je réalisais qu'il n'y avait pas encore de chemin tracé entre les deux points. Je me rendis compte que nous n'en étions qu'au tout premier pas de notre voyage vers la transformation.

La partie vraiment difficile se trouvait devant nous.

CHAPITRE 2

# La confiance à travers la transparence

## Créer une culture du changement

L'été s'installait. Un après-midi torride, je m'assis dans mon bureau et me demandai : « Qu'est-ce qu'on fait maintenant ? »

L'exercice « Miroir, mon beau miroir » avait rempli son contrat : nous aider à voir la réalité de notre situation, à créer une insatisfaction vis-à-vis de ce *statu quo*, et à susciter une envie de changement dans toute l'entreprise. L'anxiété et l'inquiétude exprimées par certains durant cette période avaient été largement remplacées par une nouvelle énergie et de l'enthousiasme. Les gens aimaient discuter de mouvement et de croissance, ainsi que de la façon de redevenir une grande entreprise.

Sous cet enthousiasme, cependant, se cachaient encore beaucoup de scepticisme et d'incertitudes.

L'idée de faire passer les employés en premier, devant les clients, était prometteuse — si vous êtes un employé, pourquoi n'en serait-il pas ainsi ? — mais qu'est-ce que cela signifiait véritablement ? *Comment* faire passer les employés d'abord, et pourquoi mettre les clients au second plan ? Est-ce que cela signifiait augmenter les salaires et commander des pizzas tous les vendredis ? Cela signifiait-il changer véritablement notre structure d'organisation ? Cela voulait-il dire que nous n'aurions plus à respecter les budgets et les calendriers décidés par nos clients ? Allions-nous vraiment sérieusement concentrer toute notre attention sur les employés de la zone de création de valeur ? Ou était-ce juste un coup d'esbroufe destiné à satisfaire les employés ? Ou pire, était-ce simplement un prélude à des restrictions ?

Les gens commençaient à débattre sur leur vision future de HCLT, et je trouvais que c'était bon signe. Cela faisait longtemps que les employés ne s'étaient pas intéressés à ce sujet de discussion durant les réunions ou au déjeuner ; cela faisait longtemps que leurs points de vue et leurs idées sur le fonctionnement de l'entreprise n'avaient pas pu être entendus et pris en compte. Ce fut un changement en soi, mais pas encore, et loin de là, la transformation que nous recherchions. Pour notre prochaine étape, il nous fallait trouver exactement où aller, d'un point de vue stratégique, et comment y parvenir, d'un point de vue pragmatique.

Ces objectifs peuvent sembler très inaccessibles, lorsqu'on est justement en train d'essayer de trouver comment les atteindre. Il y a tant de leviers à manipuler, tant de gens à influencer, tant de possibilités d'actions à développer. Je n'avais manifestement pas toutes les réponses moi-même. Je ne connaissais même pas toutes les questions à poser. Je ne m'étais pas non plus familiarisé avec toutes les problématiques spécifiques à chacune de nos filiales ou à chacun des pays où nous opérions. J'ai décidé alors qu'il fallait réunir mes cent directeurs les plus expérimentés autour d'une table pour discuter avec eux de notre avenir et de la façon d'y parvenir.

## La réunion *Blueprint*

Début juillet 2005, mon équipe A — les cent cerveaux les plus brillants de l'entreprise — arriva du monde entier à Delhi pour trois jours de conférence. Certains d'entre nous s'étaient déjà réunis en petits groupes par le passé, mais c'était la première réunion à laquelle nous assistions pour traiter d'une question en particulier : que devions-nous faire ensuite, tous ensemble ?

*Ensuite. Ensemble.* Voilà les mots fondamentaux. Pourrions-nous trouver une réponse à la question : « Que devons-nous faire ensuite, tous ensemble ? » La réunion s'intitulait Blueprint[7], et notre objectif était de tracer un chemin entre le point A et le point B.

---

7 - NDT : Le terme « *blueprint* » signifie « plan directeur ». Il s'agit également, en couture, de ce qu'on appelle le « patron ».

Le premier jour, j'avais prévu d'exposer mes idées initiales pour notre stratégie. Celles-ci avaient découlé d'un gros travail effectué avec quelques membres particulièrement avisés issus de mon équipe de stratégie marketing. Nous avions envisagé beaucoup d'options stratégiques pour n'en retenir que deux. L'une — faire concurrence aux acteurs mondiaux en prenant des engagements clients plus importants — paraissait très audacieuse, peut-être trop audacieuse pour nous à mettre en place, mais offrait l'opportunité la plus grande et la plus significative pour HCLT. L'autre était plus conventionnelle et moins aventureuse, elle consistait en une simple amélioration progressive. Elles avaient toutes deux leurs avantages, et j'avais du mal à faire mon choix, de même que beaucoup des membres de mon groupe marketing — tant et si bien que nous avions préparé deux versions pour chacune de mes options, une pour la stratégie audacieuse, et une autre pour l'approche plus modeste. J'avais veillé tard la nuit précédente, à les retourner dans ma tête. Quand enfin j'allai me coucher, je ne savais toujours pas quel chemin emprunter.

Je me réveillai vers cinq heures du matin et attrapai mon portable. Un des membres de l'équipe m'avait envoyé un sms : « Vineet. Fonce, vise l'option audacieuse. Nous sommes tous de ton côté. »

Je trouvai ce message encourageant, mais aussi un peu étrange. Voulaient-ils dire qu'ils ne seraient *pas* de mon côté si je choisissais le plan B ? Je me rendais compte que les grandes idées sont celles qui attirent les gens les plus talentueux et qui les amènent à se dépasser. Mes collègues m'annonçaient qu'ils voulaient se lancer dans le grand projet, qu'ils optaient pour l'impossible.

Je me suis rappelé une décision de même ampleur que j'avais prise en 1993 : la fondation de Comnet sur le concept de gestion de réseau à distance. Nous trouvions cette idée irrésistible, et son potentiel était énorme, mais elle comportait une certaine dose de risque. Nous avions choisi de foncer tête baissée, et le résultat récompensa largement nos efforts. Le souvenir de cette décision finit de me convaincre sur la décision à prendre. J'envoyai un texto de réponse à mon équipe marketing : « Allons-y pour la plus risquée ! »

Mais qu'en était-il pour les cent directeurs les plus avisés que j'avais invités à cette réunion ? Soutiendraient-ils le plan que j'avais élaboré avec l'équipe marketing ? En m'habillant, une sensation de nervosité envahit mon estomac. La dernière chose que je voulais était de m'énerver, de m'emporter, et que tout tombe à plat. Mais nous ne connaîtrions jamais la réponse si nous ne posions pas la question.

Mon équipe marketing et moi, nous nous installâmes relativement tôt dans la salle de conférence. Nous pensions qu'en arrivant avant les autres, nous améliorerions nos chances de réussite. Assez rapidement les cent autres commencèrent à arriver. Nous nous sommes serré la main, nous avons embrassé quelques vieux amis. Tout le monde souriait. On se disait des choses sympathiques. Mais j'avais encore l'estomac noué.

Enfin nous étions tous assis. La lumière se tamisa un peu. Je m'avançai vers le podium. Une stratégie de communication qui a toujours fonctionné en ce qui me concerne est de mettre les pieds dans le plat. Si le problème que tout le monde feint de ne pas voir est montré du doigt dès les premières minutes, la voie vers la réussite ou le désastre est libre — et c'est une voie à sens unique.

« Permettez-moi de partager avec vous cinq faits intéressants, dis-je pour commencer. Fait numéro un : le marché international de la sous-traitance IT vaut 500 milliards de dollars. L'industrie est dominée par les géants comme IBM, Accenture et EDS. Fait numéro deux : le top 5 des sociétés IT indiennes, HCL y compris, représente seulement 6 milliards de dollars sur ce total. Soit 1 %. »

Je fis une courte pause. Je voulais que tout le monde réalise bien à quel point notre marché était colossal, à quel point la part que nous avions de ce marché était minuscule, et à quel point le segment dans lequel nous évoluions était étroit.

« Fait numéro trois : les grandes sociétés indiennes de services IT semblent se contenter de ce 1 %. Elles se sont habituées à un modèle économique qui est très étroit mais qui peut être facilement reconsidéré. L'avantage compétitif vient alors du recrutement et de la formation des jeunes ingénieurs sortis de l'université, en leur permettant de déployer des services de haute qualité. » Je fis une nouvelle pause. Tout le monde savait que c'était la vérité à propos de notre industrie, et que nous étions dépendants depuis des années de cet infini réservoir de talents pour croître.

« Fait numéro quatre : les clients de la sous-traitance IT recherchent plus de transparence, plus de flexibilité, et plus d'attention de la part des grands acteurs de services IT globaux, et ils sont de moins en moins satisfaits par leurs fournisseurs parce qu'ils ne vont pas toujours au bout de leurs prestations. Fait numéro cinq : ce modèle de sous-traitance totale, qui a dominé les années 1990, largement contrôlé par les Quatre Grands, où les clients étaient prisonniers de contrats sur dix ans et perdaient le contrôle de leurs technologies IT, ne fonctionne plus aujourd'hui. Ces clients veulent retrouver un certain contrôle en collaborant avec leurs sous-traitants plutôt qu'en les laissant s'occuper de tout. »

Les faits ainsi exposés, il était temps pour moi de passer à la proposition. « Nous savons que dans le G-1000, les mille multinationales majeures, les deux cents premières sont bien servies, repris-je. Les membres du G-200 sont les clients que tout le monde recherche, et les Quatre Grands se les partagent la plupart du temps. Alors pourquoi ne pas nous pencher sur les huit cents suivantes, celles qui ne sont pas aussi choyées ? Rien ne nous empêche d'intégrer nos services de façon à pouvoir gérer le cycle de vie complet des services IT pour nos clients et jouer le rôle de partenaire plutôt que celui de fournisseur. Ce genre de contrats peut se chiffrer à plusieurs centaines de millions de dollars. »

Il s'agissait en effet d'une idée audacieuse. Cela provoqua quelques signes d'impatience dans l'assistance. À l'époque, HCLT offrait des services informatiques ponctuels, ce qui signifiait en général des contrats plus petits. La plupart du temps, nos relations avec nos clients ne comportaient pas ce type de partenariats stratégiques que les gros acteurs développent avec leurs clients.

Il y eut un ou deux toussotements. Les gens se tortillaient sur leur siège. Je jetai un coup d'œil à mon équipe, aperçus un ou deux signes d'encouragement, et mis les pieds dans le plat.

« Ceci étant, comment allons-nous faire pour remporter ce marché ? Comment allons-nous nous y prendre pour que les entreprises voient HCLT sous un nouveau jour ? En offrant de vraies différences stratégiques basées sur trois convictions fondamentales. Premièrement, nous offrirons la flexibilité et la transparence, à un niveau que les clients n'ont jamais vu auparavant, ni chez nous, ni chez nos nouveaux concurrents directs. Deuxièmement, nous nous concentrerons tous sur la *"value centricity*"[8].

---

8 - NDT : La « *value centricity* » est une expression inventée par l'auteur lui-même, par opposition à la « *customer centricity* ». La « *customer centricity* », expression assez usitée dans les milieux de management des pays anglo-saxons, et parfois reprise en français par l'expression « orientation client », est la convergence de toutes les attentions et de tous les efforts sur la satisfaction client. La « *value centricity* » est donc la convergence de tous les efforts sur la valeur produite en elle-même.

Par cela, je veux dire que nous mettrons toute notre énergie à nous concentrer sur la valeur que nous créons pour nos clients plutôt qu'à essayer de construire un volume d'affaires plus grand avec eux. Troisièmement, et c'est le point le plus important, nous allons mettre en place de nouveaux critères de valeur que nous leur délivrerons réellement. C'est là que "les employés d'abord, les clients ensuite" entre en jeu. Cela nous permettra de libérer l'énergie et l'enthousiasme, pour produire un formidable "Wouah !" de nos employés de la zone de création de valeur, qui deviendra notre principal atout de différenciation. »

Je fis une pause, laissant l'idée faire son chemin dans les esprits.

« Ça ne se fera pas du jour au lendemain, évidemment, continuai-je. Transformer HCLT, fournisseur de services de sous-traitance ponctuels, en un partenaire stratégique de services IT, et transformer un développeur de technologies en un investisseur en propriété intellectuelle, prendra cinq ans. Cela demandera une réorganisation de l'organisation de l'entreprise, partant de toute une série d'unités pour arriver à une organisation matricielle qui puisse intégrer les services, et ce au niveau mondial. » Je savais qu'il fallait pousser plus loin, et poursuivis mon propos. « Il nous faudra rajeunir les employés qui ont perdu leur enthousiasme, améliorer leurs méthodes dépassées, construire des partenariats stratégiques, et développer de nouveaux produits et services. » Et je conclus : « Nous ne devons pas gaspiller notre temps et notre énergie à courir après de petites opportunités faciles à gagner et peu stratégiques, mais nous ne pouvons pas non plus nous permettre de perdre une année de croissance. Pour résumer, on a du pain sur la planche. »

Je retournai mes dernières pages de notes. Je levai les yeux vers l'assemblée et demandai que l'on remonte un peu la lumière. Les cent membres de notre équipe A avaient écouté attentivement, mais je ne pouvais distinguer les expressions de leurs visages.

« Maintenant, je voudrais avoir votre avis, dis-je. Cette stratégie a-t-elle un sens ? Qu'en pensez-vous ? » Je regardai les jeunes collègues de mon équipe. On aurait dit qu'ils retenaient leur souffle, tous ensemble.

J'attendis. Silence. Rien. Trente secondes passèrent. Une minute. Je jure que deux minutes entières s'écoulèrent sans que quiconque ne dise un mot. Une situation sans précédent. Impossible de me souvenir d'une autre réunion au cours de laquelle les membres auraient été si réticents à donner leur avis. Enfin, l'un des dirigeants européens, que je nommerai Alex, leva la main.

« Oui, Alex, qu'en pensez-vous ? » demandai-je.

« Vineet, dit-il, je pense que vous avez sans doute perdu la raison. »

« C'est une possibilité, répondis-je. Pourquoi, à votre avis ? »

« Nous n'avons jamais rien fait de tel auparavant, dit-il. Nous ne savons absolument pas comment concurrencer les grands acteurs mondiaux. Nous allons détruire tout ce que nous avons créé ces dernières années. Au lieu de courir après ces contrats juteux, nous devrions dans un premier temps améliorer l'exécution du modèle économique actuel. »

Je ne répondis rien. Je ne voulais pas défendre moi-même mes idées. Je voulais un débat. Une autre manager prit la parole.

« Je suis d'accord avec Alex, dit-elle. C'est bien beau de vouloir faire un grand bond en avant, mais nous ne pouvons pas abandonner notre compétence fondamentale. C'est courir au désastre. »

La température augmentait dans la pièce. Les gens commençaient à remuer sur leur fauteuil et à échanger quelques mots à voix basse. Un dirigeant américain se leva. « Je suis d'accord avec Vineet, dit-il. Notre modèle actuel est dépassé. Nos employés le savent. Nos clients le savent. Nos concurrents le savent. Ne sommes-nous pas d'ores et déjà confrontés à cette réalité ? Ne voyons-nous pas tous les jours des clients nous échapper ? Des actionnaires nous questionnant rudement sur notre futur ? Des gens bourrés de talent prendre la porte et s'en aller travailler pour nos concurrents ? Nous maîtrisons notre modèle actuel. Mais il ne fonctionne plus ! »

Une autre voix se fit entendre : « Cela fait plus de deux décennies que nous évoluons dans cette industrie, et nous avons été numéro un pendant beaucoup de ces années

— mais pas une seule fois sur les cinq dernières années. Aujourd'hui, nous ne sommes même plus dans le top 3. Il faut tenter le tout pour le tout ! » D'autres voix s'élevèrent dans la pièce, et bientôt une discussion passionnée s'engagea. Je reculai un peu. Je voulais que l'équipe A prenne la parole, pas moi. En vérité, ce qu'ils diraient de la stratégie de services globaux n'avait que peu d'importance. Ce qui avait de l'importance, en revanche, c'était que l'on commençait à se dire la vérité, plutôt que de s'étendre sur des plans bien ficelés et des programmes qui continueraient de nous faire perdre de la vitesse. J'avais devant moi les huit cents membres les plus brillants de l'entreprise. S'ils décidaient de démonter le plan que j'avais présenté, je savais qu'ils trouveraient quelque chose d'aussi monumental, et probablement meilleur. Nous avions besoin d'un grand changement, mais il ne fallait pas obligatoirement que ce soit celui que j'avais proposé.

Ainsi continuait la discussion. Je voulais que tous les commentaires sortent au grand jour et qu'on en débatte jusqu'à épuisement.

## Le « quotient » de confiance

Le débat sur la stratégie continua une bonne partie de la journée. J'écoutais et observais, quand, dans le courant de l'après-midi, émergèrent trois positions.

Les transformeurs aimaient l'idée de changement et ne voulaient y entendre aucune objection. Leur enthousiasme était motivant et contagieux, mais pas encore très réaliste ou pragmatique.

Les attentistes étaient convaincus qu'il fallait faire quelque chose, mais ils avaient des questions et des inquiétudes sur la stratégie des services IT globaux, et certains d'entre eux suggéraient d'autres stratégies que nous pourrions développer. Ils continuaient de poser des questions, d'apporter de nouvelles informations, et de peser le pour et le contre.

Il n'y avait pas d'âmes perdues, ces penseurs pessimistes les plus nombreux chez HCLT, parmi les cent esprits les plus brillants de l'équipe A. Mais il y avait un troisième groupe composé de ce que nous appelons les managers « oui, mais ». Ces dirigeants avaient une objection à chaque idée ou proposition. « Tout cela est très bien, disaient-ils, mais… » Et ce « mais » était toujours suivi d'arguments expliquant pourquoi cette idée ne fonctionnerait jamais ou que l'idée avait déjà été testée mais que la solution coûtait trop cher, ou ne pouvait pas être réalisée. J'avais entendu les « oui, mais » à de nombreuses reprises durant ma carrière. J'avais pu voir à quel point ces objections pouvaient empêcher une entreprise de faire face à la vérité pure et simple. Dans notre cas, les managers « oui, mais » voyaient la stratégie proposée comme un risque trop important, pour eux-mêmes et pour l'entreprise. À chaque nouvelle proposition, ils trouvaient de nouvelles raisons pour lesquelles le plan ne pouvait pas fonctionner, et souvent, leur réserve était recevable.

Quand le soir commença à tomber, les transformeurs tempérèrent leur enthousiasme avec une dose de réalisme. Les attentistes, l'un après l'autre se firent une opinion. Et les « oui, mais » virent leurs objections petit à petit corroborées ou réfutées. À la fin, le top 100 des dirigeants parvint à un consensus : nous devions adopter cette proposition courageuse, à savoir l'idée de prestations de services intégrés, en appliquant les principes de transparence, de flexibilité, de « *value centricity* », ainsi que le concept EFCS. Tout cela devait permettre à HCLT de se démarquer fortement de ses concurrents.

J'étais impressionné par la qualité des échanges, de la conversation et par l'engagement de l'équipe. J'avais démarré cette réunion en me demandant si nous avions avec nous les personnes appropriées. J'étais désormais certain, avec seulement un ou deux points d'interrogation, que c'était le cas.

À la fin de la journée, je suis remonté sur l'estrade pour clôturer la réunion. « J'aimerais vous remercier tous pour ces échanges, commençai-je. Pour avoir dit à haute voix ce que vous avez à l'esprit et sur le cœur. Maintenant que nous sommes tous d'accord sur la stratégie, nous en arrivons à la partie la plus difficile — la mise à exécution du changement dans l'organisation. Ceci fera l'objet de nos discussions de demain. »

Je me tus et regardai l'assemblée. Je fus étonné, troublé même par ce que je vis. En un instant, le regard des managers avait changé. Le moment précédent, ils avaient l'air fatigué mais satisfait, certains que nos divergences avaient été exposées, que nos discussions avaient été honnêtes, et que nous avions franchi une étape. Mais pourquoi étaient-ils aussi nombreux à afficher désormais cet air dubitatif ? Pourquoi, alors que je les regardais un à un, certains d'entre eux évitaient mon regard ? Qu'avais-je dit ?

Je compris alors ce qui s'était passé. J'avais prononcé à haute voix les mots « exécution » et « changement ». C'étaient les deux mots qui avaient entraîné ce nouveau regard. Je compris que bien des membres de mon équipe les plus expérimentés ne pensaient pas vraiment avoir la carrure pour mettre le plan à exécution et maîtriser ce changement complexe de l'organisation. Ils ne me faisaient pas confiance pour mettre la stratégie en œuvre, ni à leurs employés, ni à l'entreprise dans son ensemble.

J'étais partagé entre le fait d'être convaincu par une idée et le fait de la croire réalisable. Nous avons tous vu de grands orateurs parler et rallier des foules à leurs causes lors de grands rassemblements. L'orateur expose d'un ton enflammé sa grande vision, sa nouvelle façon de faire avancer les choses. La foule l'acclame et crie son approbation. Puis les gens rentrent chez eux en pensant : « C'était un beau discours, mais son projet ne se concrétisera jamais. »

Je voulais être certain que je ne me trompais pas. Tous les yeux étaient rivés sur moi, et je réalisais qu'à part les quelques managers qui pensaient que nous pouvions relever le défi, ceux-ci n'étaient pas suffisamment nombreux dans cet état d'esprit.

À ce moment précis, je me suis dit : « Vineet, ça ne marchera jamais. Sans la confiance de l'équipe, on aura perdu la partie avant de l'avoir commencée. »

Rétrospectivement, je me demande comment j'ai pu croire qu'ils me feraient confiance. Notre proposition était assez révolutionnaire. Pourquoi *devraient-ils* me faire confiance ? Uniquement parce que je le leur demandais ? Non. Personne ne fait confiance à quelqu'un de cette manière, surtout dans le monde d'aujourd'hui. Les employés se méfient des dirigeants depuis toujours, mais j'étais certain que la méfiance qui avait rongé l'entreprise était plus profonde que jamais. Cette dernière décennie, nous avons vu beaucoup de cadres supérieurs et de managers mentir, voler, trahir la confiance de leurs employés et de leurs entreprises. La méfiance envers la hiérarchie et le pouvoir s'étend partout, à tous les aspects de la vie. Pour cette raison, le *quotient de confiance*, surtout en matière de leadership, est à un bas niveau partout dans le monde. Si vous êtes P-DG ou cadre supérieur, il ne faut pas vous imaginer que vous êtes, vous en tant que dirigeant, ou votre entreprise (peu importe sa réussite), à l'abri de ce problème. Il est naturel qu'un P-DG ou un cadre supérieur se dise : « Je n'ai rien à voir avec ceux qui se sont fait mettre à la porte de leur entreprise, ou ont fini derrière les barreaux, car mes employés et mes collègues me connaissent. Ils savent que je suis une personne de confiance. »

Je vous suggère d'y réfléchir à nouveau. Si votre entreprise comporte plus de deux cents personnes, la plupart d'entre elles ne vous connaissent pas. Vous savez que vous êtes quelqu'un en qui on peut avoir confiance, mais elles ne le savent pas. Je pense que votre quotient de confiance est plus bas que vous ne l'imaginez — probablement bien plus bas.

Si j'avais gardé quelques illusions sur mon quotient de confiance avant la réunion Blueprint, je n'en avais plus à l'issue de ce premier jour de discussion. Ne vous méprenez pas sur le sens de mes propos. Ce n'était pas de la méfiance que je voyais dans les yeux des managers, mais je ne voyais pas, tout simplement, une confiance à 100 %. Cela dit, le fait qu'on ait confiance en vous n'est pas suffisant pour se lancer dans une transformation importante.

Je réalisais également que le manque de confiance ne se limitait pas à moi. Les gens dans la salle, entre eux, ne se faisaient pas confiance à 100 %. D'après ce que je décelais dans leurs regards dubitatifs, il était clair qu'ils n'étaient pas totalement convaincus que leurs collègues étaient capables de réaliser ce que nous avions décidé. Et s'ils ne pouvaient pas croire en leurs propres collaborateurs, le manque de confiance était probablement réciproque.

Ainsi, ce qui aurait dû être une évidence avant le début de la réunion Blueprint devint parfaitement clair : avant toute chose, il nous fallait trouver le moyen d'instaurer la confiance à travers toute l'organisation. Pas seulement la confiance envers moi en tant que dirigeant. Pas la confiance dans une stratégie en particulier. Mais la confiance des gens entre eux.

Nous avions découvert que le manque de confiance était le « oui, mais » le plus important.

## La nature de la confiance

J'ai beaucoup réfléchi à la confiance, durant toutes ces années passées à travailler avec des gens qui proclament : « Je veux que tu me fasses confiance. » Ou bien : « Nous devons bâtir une relation de confiance. » Ces paroles m'interpelaient. Que voulaient-ils dire exactement ? J'ai également lu beaucoup de livres sur le sujet. David Maister analyse à propos du management des sociétés de services la qualité de la confiance entre les consultants et les clients, qui semble être extrêmement importante et très personnalisée. Dans un des livres qu'il a coécrits, *The Trusted Advisor*, Maister affirme qu'il y a quatre dimensions dans la confiance :

*La crédibilité* : la crédibilité vient de l'expertise professionnelle. Si la personne possède un savoir-faire approfondi et suit les bonnes pratiques, vous serez confiant en ce qu'il ou elle dit ou fait.

Étais-je crédible au moment de la réunion Blueprint ? Peut-être. J'étais plus certainement crédible lorsque je parlais de la réalité de notre entreprise. Mais comment pouvait-on savoir si j'étais digne de confiance lorsque je parlais de la stratégie à long terme ?

*La fiabilité* : la fiabilité se révèle à travers des actions réalisées dans le temps. Si vous avez observé les réalisations de quelqu'un et que vous les respectez, vous avez probablement confiance en lui ou en elle, en ce sens que vous êtes certain qu'il ou elle fera ce qui a été convenu, et vous vous fierez à son comportement.

Mes managers me considéraient-ils comme quelqu'un de fiable en juillet 2005 ? Ils ne me pensaient probablement ni digne ni indigne de confiance, parce qu'ils ne me connaissaient pas suffisamment pour cocher la case correspondante.

*L'intimité* : cet aspect de la confiance touche à l'émotionnel. On ressent instinctivement si l'on peut ou si l'on ne peut pas aborder toutes sortes de sujets avec la personne que l'on a en face de soi.

Au cours de l'exercice du miroir, durant les mois précédant la réunion Blueprint, j'ai tenu des centaines de conversations avec les employés de tous les secteurs de HCLT, de façon individuelle ou lors de petites ou grandes réunions. Ce fut une expérience chargée d'émotion pour tout le monde, y compris pour moi. Cependant personne n'avait vu la suite de ce partage d'émotion et de ces introspections. Il se pouvait encore que je les trahisse.

*Les motivations personnelles* : elles représentent le quatrième aspect de la confiance relevé par Maister. Celles-ci, en revanche, *réduisent* le quotient de confiance. Ce sont toutes les choses qui vous tiennent à cœur. Puis-je vous faire confiance au-delà de vos motivations personnelles ?

Que pensaient mes managers de mes motivations ? Est-ce que je cherchais juste à augmenter mon pouvoir personnel ? Est-ce que je voulais nommer mes amis à des postes clés ? Est-ce que je cherchais une couverture médiatique ? Il était difficile de voir en quoi l'idée des « employés d'abord » pouvait exalter un P-DG, et les gens font toutes sortes de suppositions quant aux motivations des dirigeants.

Si je réfléchis à mon quotient de confiance à l'époque de la réunion Blueprint et que je l'évalue en me basant sur les quatre éléments de confiance définis par Maister — la crédibilité, la fiabilité, l'intimité et la motivation personnelle — je ne suis plus surpris par le manque de confiance que j'ai décelé dans les yeux de mes cent managers les plus avisés. À ce moment précis, je compris que notre premier travail serait de bâtir un climat de confiance à travers toute l'entreprise.

## Le modèle familial

Nous savons grâce à nos cellules familiales combien il est important de bâtir la confiance. Toute ma vie, j'ai regardé de près l'organisation familiale, que je considère comme une microstructure qui peut nous en apprendre beaucoup sur les grandes entreprises.

Beaucoup de mes idées au sujet du management naissent de mon observation de ma propre famille : mes parents et grands-parents, ma femme et moi, et nos deux enfants. Nous avons la chance d'avoir instauré une grande confiance dans nos relations, et je crois que notre famille est forte et que l'on peut compter les uns sur les autres. Lorsque je me suis demandé comment créer un climat de confiance chez HCLT, j'ai tourné naturellement les yeux vers la famille à la recherche d'idées.

Tout au long de ma carrière, j'ai été frappé par la façon dont les gens se divisent en deux parties. Chaque matin, nous disons au revoir à nos familles, arrivons au travail, accrochons nos manteaux à une patère, et dans ce confortable manteau que nous avons porté tout au long du trajet depuis la maison, nous laissons nos émotions, notre subjectivité, notre personnalité, et nos relations avec la vie familiale. Nous endossons nos cols blancs amidonnés et nous nous mettons au travail tête baissée. Nous nous conformons aux pratiques et aux règles non écrites du travail :

- Méfie-toi de ton supérieur.

- Ne te laisse pas trop émouvoir par quoi que ce soit.

- Souviens-toi, ça n'a rien de personnel ; c'est seulement du business.

Ces comportements dépassés aujourd'hui nous viennent tout droit des premières années de l'âge industriel, quand les métiers étaient en grande partie répétitifs et que les structures ressentaient le besoin de se protéger à travers des méthodes de type « commandement et contrôle ».

Les familles ont, elles aussi, fonctionné sur ce mode autrefois. Dans la famille traditionnelle, les parents représentaient l'autorité ultime. On attendait des enfants qu'ils obéissent aux règles et qu'ils fassent ce qu'on leur disait de faire. S'ils désobéissaient, ils étaient punis.

Ces dernières décennies, pourtant, ont vu changer considérablement la famille. Les parents veulent être à la fois les amis, les mentors et les conseillers de leurs enfants. Les enfants veulent qu'on leur fasse suffisamment confiance pour leur laisser de l'indépendance.

Les meilleures familles sont celles qui ont une culture de la confiance. Les parents ont confiance en leurs enfants et savent qu'ils viendront les voir en cas de problème. Les enfants ont confiance en leurs parents et savent qu'ils les soutiendront et les protégeront, mais aussi qu'ils les laisseront avoir leur liberté. J'ai en tête cette vieille histoire d'un enfant aveugle qui avait sauté du toit de sa maison, et qui avait réussi à atterrir dans les bras de son père qui attendait en-dessous.

Mais s'il n'y a pas de confiance au sein de la famille, il y a souvent conflit entre les parents et les enfants, et entre les parents eux-mêmes. Les enfants ont des ennuis ou quittent la maison. Les parents ont aussi leurs propres problèmes, personnels ou professionnels. Il en découle une famille à problèmes ou éclatée, et de la même manière, des entreprises avec de hautes performances peuvent perdre de l'élan en l'absence de cet environnement de confiance. Mais comment s'y prend-on, me demandais-je, pour recréer dans une entreprise le même genre de confiance qui règne dans les familles les plus fortes ?

## Les éléments de transparence

Le deuxième jour de la conférence Blueprint, je discutai avec mes cent directeurs les plus brillants, de l'importance de la confiance chez HCLT.

La transparence pouvait-elle vraiment être le catalyseur de la confiance ? J'en étais convaincu, pour plusieurs bonnes raisons. Avant de les exposer, toutefois, il est nécessaire de comprendre quelque peu la culture de HCLT. Je la comparais souvent à celle de Comnet, bien plus facile à évaluer et à comprendre. Cette culture tournait surtout autour de l'innovation en matière de produits et de services. Nous pensions que si nous n'innovions pas à peu près tous les dix-huit mois, si nous n'apportions pas un nouveau produit ou service sur le marché, nous ne serions plus aussi compétitifs et perdrions notre position de leaders. Nous pensions que la transformation constante était une nécessité essentielle dans notre culture, étant donné le domaine dans lequel nous évoluions.

Évidemment, ce n'était pas le cas de HCLT, une structure traditionnelle qui avait grandi et changé rapidement lors de ses toutes premières années. Au fur et à mesure que l'entreprise croissait, elle ralentissait. Le changement devenait plus difficile à faire et prenait plus de temps à s'intégrer. Trop d'idées brillantes furent laissées de côté.

Mais je savais que la culture de HCLT n'était pas uniquement centrée sur la tradition. Nous avions des gens intelligents et des leaders charismatiques qui voulaient se libérer des vieilles méthodes. Nous l'avons vu très clairement lors de l'exercice du miroir, puis de nouveau durant la réunion Blueprint. Comme c'est le cas dans tellement de grandes entreprises, c'était l'organisation de HCLT — la pyramide ancestrale — qui bridait les gens et les empêchait de consacrer toute leur énergie à ce qu'ils voulaient développer.

J'étais convaincu que l'une des manières de libérer ce talent serait de rendre notre culture participative. Pour obtenir des gens qu'ils participent plus, nous devions créer une culture de la confiance, et pour ce faire, il nous fallait plus de transparence. La transparence produit de la confiance essentiellement de cinq manières.

Premièrement, la transparence assure que chaque membre connaît les objectifs de l'entreprise et sait exactement en quoi chacune de ses contributions aide l'organisation à arriver à ses fins. Travailler dans un environnement sans transparence revient à tenter de résoudre un puzzle sans connaître l'image à obtenir.

Deuxièmement, la transparence aide à s'assurer que les parties prenantes s'engagent personnellement et complètement dans la poursuite des objectifs de l'entreprise.

Troisièmement, pour les membres de la génération Y, la transparence est une donnée courante. Ils racontent leur vie ouvertement ; ils n'en attendent pas moins de leur entreprise.

Quatrièmement, dans une économie du savoir, nous voulons que les clients ne nous cachent rien, qu'ils partagent leurs idées, leurs visions d'avenir, et leurs stratégies pour résoudre les problèmes fondamentaux. Sans une telle transparence, comment pourrions-nous créer les solutions technologiques qui accéléreraient leur croissance et la consolidation de leurs affaires ? Et pourquoi un client serait-il transparent avec un partenaire potentiel comme nous si cette entreprise ne faisait pas suffisamment confiance à ses employés en étant transparent avec eux ?

Enfin, les sociétés comme HCLT font souvent appel à des consultants — des gens extérieurs à l'entreprise — pour travailler sur des projets ou des initiatives spécifiques. Les conditions indispensables pour que ces outsiders réagissent rapidement et soient aussi efficaces que possible sont le partage des informations, et une transparence complète en ce qui concerne les forces et les faiblesses, les problématiques et les inquiétudes de leur mission. Plus le processus est transparent, et plus les consultants auront confiance en l'organisation, plus nous pourrons réduire le temps pour apprendre, ce qui nous donnera un avantage sur nos concurrents.

## La fenêtre d'Amsterdam

Je me souviens du jour où j'ai rendu visite à un ami, chez lui à Amsterdam. Les immenses fenêtres de son appartement donnaient sur l'un des canaux principaux de la ville. L'endroit était baigné de lumière, et les chambres étaient très exposées au regard des gens qui passaient dans la rue ou sur les bateaux du canal. L'appartement de mon ami était typique de toutes les habitations du centre d'Amsterdam.

« Pourquoi as-tu de si grandes fenêtres ? » lui ai-je demandé. Une question idiote, peut-être, mais — une fois qu'il eût fini de mentionner toutes les raisons évidentes, comme la luminosité, et la jolie vue — j'obtins une réponse bien plus intéressante.

« Ça nous oblige à garder la maison propre », dit-il.

Il n'alla pas plus loin dans son explication, mais je compris dans sa réponse que plus les fenêtres sont grandes, plus on a de surfaces transparentes dans la maison, plus la saleté est visible — vous la voyez, mais aussi tous ceux qui vous rendent visite ou qui passent devant chez vous. Quand la saleté est visible, on a plutôt tendance à essayer de s'en débarrasser.

Une maison transparente, par conséquent, produit un effet spectaculaire sur l'organisation à l'intérieur d'une maison.

Dans la maison HCLT, l'exercice du miroir fut, d'une certaine façon, un exercice de transparence. Nous avions parlé ouvertement et honnêtement des problèmes de l'entreprise. Mais cette activité limitée dans le temps et d'ampleur réduite n'était pas encore suffisante au sein de l'organisation et dans son fonctionnement.

Après avoir ajourné la séance officielle du deuxième jour de la réunion Blueprint, nous nous retrouvâmes de nouveau autour de quelques cocktails et pour dîner. Au fur et à mesure des nombreuses conversations de cette longue soirée, j'étais de plus en plus certain que nous étions tous plus ou moins sur la même longueur d'onde. Nous n'avions pas aplani tous les détails, et un long chemin se dessinait devant nous, mais nous ressentions une impression d'unité et d'accord.

Le jour suivant, nous nous sommes retrouvés une fois de plus pour passer aux conclusions et dessiner une proposition simple qui définirait notre objectif pour le futur, notre point B, et exprimerait en termes clairs le *quoi* de notre offre, et, plus important encore, le *comment*. Enfin, très fatigués mais avec le sentiment d'avoir accompli quelque chose d'important, nous sommes rentrés chez nous, aux quatre coins du monde. Je me demandais ce que les directeurs diraient à leurs collègues et employés à propos de la réunion, quand ils allaient retourner au bureau et qu'on leur demanderait : « Ça s'est bien passé ? » Répondraient-ils : « Oui, mais… », ou diraient-ils : « Nous sommes devant une belle opportunité. Il faut se mettre au travail » ?

Je savais que tous les yeux seraient rivés sur les cent directeurs en question. Il leur revenait désormais d'influencer leur top 100 à eux, et ainsi de suite. C'était ainsi que nous emmènerions l'entreprise entière dans notre voyage vers le changement.

## Une nouvelle approche de la transparence

Après la réunion Blueprint, il fallut nous demander comment améliorer précisément la transparence de l'organisation en vue de construire la confiance. Comment allions-nous, à l'image des fenêtres chez mon ami d'Amsterdam, laisser entrer la lumière ?

Je savais qu'il ne fallait pas des demi-mesures. Il nous fallait faire plus que de forcer l'ouverture d'une petite fenêtre de transparence. Il fallait l'ouvrir en grand — faire des choses que nous n'avions jamais faites auparavant, et tenter des choses jamais faites par les autres entreprises.

Avec le recul, les solutions que nous avons trouvées semblent plutôt évidentes. Mais sur le moment, je n'avais pas de réponses toutes faites.

Je fis appel aux idées des esprits brillants autour de moi et demandai à mes directeurs de faire un effort et d'écouter, eux aussi. Nous avons reçu beaucoup de retours. Beaucoup de ces idées, bien qu'attirantes, étaient trop compliquées, trop difficiles à mettre en place. Une idée, cependant, correspondait parfaitement à notre défi.

## Ouvrir la fenêtre de l'information

L'idée était d'ouvrir la fenêtre sur les informations financières.

À l'époque, les employés avaient accès aux données financières concernant leurs propres projets, mais ils n'avaient pas le moyen de savoir où en étaient leur département ou l'organisation toute entière. De même, ils n'étaient pas en mesure de comparer la performance de leur équipe à celle des autres dans l'entreprise. Et si nous permettions à *tout le monde* de consulter les données financières de *tous* les départements et de l'ensemble de l'entreprise ? Ne serait-ce pas un pas important vers une plus grande transparence ? Montrer que nous n'avions rien à cacher et que nous avions la volonté de partager le meilleur et le pire, ainsi qu'on le ferait dans une famille soudée, ne participerait-il pas à la construction d'une culture de la confiance ?

Je lançai l'idée. Les « oui, mais » se firent tout de suite entendre. Il y avait deux objections majeures.

Premièrement, demandèrent les « oui, mais », cela ne démotiverait-il pas les employés s'ils découvraient qu'ils ne sont pas aussi performants que leurs managers l'avaient laissé entendre ? C'est un argument que j'ai entendu plusieurs fois, de la bouche de beaucoup de monde.

Vint ensuite la seconde objection : que se passerait-il si l'information arrivait jusqu'aux oreilles de la presse ? Que se passerait-il si nos concurrents y avaient accès ? Les « oui, mais » avaient peur que ce soit la panique totale. Il y avait vraiment de la peur dans leurs yeux.

Je devais bien admettre que ces inquiétudes étaient légitimes. J'arguais cependant qu'au moment où l'on ouvrirait la fenêtre de l'information, les gens verraient que certains départements étaient en perte de vitesse ou en sous-régime par rapport à d'autres. Ils auraient également une vision globale de la performance de l'entreprise. « Nos employés nous ont dit, durant l'exercice du miroir, qu'ils souhaitaient gravir les échelons, leur ai-je rappelé. Comment peuvent-ils savoir à quel point la pente est raide s'ils ne voient pas le chemin ? Y a-t-il des risques à cela ? Oui, mais c'est ce qui entraîne la confiance de nos employés.

Mettre en avant leurs besoins. Voilà les risques qui doivent être pris. »

Une fois encore, on acquiesça prudemment, avec une petite lueur sceptique dans l'œil.

Je me tournai vers notre équipe interne de services IT. Je pensais que c'était là que résidait la clé du succès de la mise en place de nos nouvelles idées. J'étais sûr que cette équipe était capable de développer n'importe quelle idée audacieuse pour la rendre accessible à nos employés dans le monde entier. Je demandai à l'équipe de créer un système qui permettrait à chaque employé de voir, sur son écran d'ordinateur, les performances financières de sa propre équipe.

En seulement quelques semaines, le nouveau système fut mis en place. Les employés l'ont tout de suite adopté. Certains managers l'ont moins apprécié.

Quand je découvris pourquoi, je compris qu'il y avait un troisième « oui, mais » que personne n'était parvenu à formuler. Ouvrir la fenêtre de l'information met en pleine lumière le rôle du manager. Certains se trouvèrent exposés au regard des passants circulant sur les canaux et dans les rues de l'entreprise. Les gens virent que certains managers étaient à peine plus que de simples collecteurs ou passeurs d'information. Toute l'autorité de ces managers-là résidait dans leur contrôle de l'information. Dès lors que tout le monde y eut accès, leur pouvoir pouvait être remis en question.

Cependant, les transformeurs en particulier appréciaient beaucoup le nouveau système. Ils utilisaient l'information pour insuffler une nouvelle énergie et de nouvelles orientations à leur équipe. Du fait que tous les membres de leur équipe partageaient la même version des données financières, ils pouvaient se concentrer pleinement sur les mesures à prendre. Chaque jour, l'analyse des informations s'améliorait. Comme les gens pouvaient voir les références et comparer leurs performances avec celles des autres, ils travaillaient plus dur pour améliorer leur propre performance. Ensuite, nous avons ajouté des informations non financières et avons mis en place un tableau de bord adapté pour toutes nos équipes, visible par chacun sur son ordinateur.

L'amélioration de la transparence accéléra les réactions aux niveaux les plus bas de la hiérarchie. Cela motiva aussi les équipes déjà performantes. Elles sentaient leur réussite reconnue, et travaillaient encore plus dur pour rester au top. Une nouvelle perception des objectifs et orientations étaient visibles dans les équipes. Maintenant qu'ils avaient les informations dont ils avaient besoin, ils pouvaient consacrer plus de temps à l'exécution et moins à la recherche des données pour essayer de comprendre le niveau de leur performance.

Force est de reconnaître, cependant, que les deux autres « oui, mais » se sont avérés pertinents.

Certains employés étaient, en effet, démotivés par cette situation. Et, oui, certaines fuites se sont répandues à l'extérieur, causant gêne et complications. Mais en moyenne, les avantages pèsent plus que les inconvénients. Quand vous ouvrez la fenêtre, attendez-vous à l'agacement causé par une ou deux mouches, ou à ce qu'un vase tombe dans la rue et explose en mille morceaux.

Pourtant, les effets de la bouffée d'air frais et des rayons de soleil compensèrent largement ces problèmes mineurs.

## Ouvrir le bureau du P-DG : le portail U&I

Il s'est passé trop de choses ces mois étouffants de l'été 2005 pour que je les raconte toutes, mais j'aimerais exposer une autre idée qui a entraîné plus de transparence dans notre organisation.

Comme je l'ai mentionné plus tôt, dans mes premières années en tant que président puis en tant que P-DG, j'ai passé beaucoup de temps à rendre visite à nos succursales dans le monde entier, et à parler aux employés quel que soit leur niveau hiérarchique. J'ai écouté beaucoup de leurs questions, auxquelles je ne pouvais pas toujours répondre, soit parce que je manquais de temps, soit parce que je n'avais tout simplement pas la réponse. Quand cela se présentait, je disais : « Envoyez-moi un e-mail, je reviendrai vers vous. »

Cette réponse n'avait pas l'air de satisfaire ni de convaincre mes interlocuteurs. Ils pensaient que j'éludais la question. Ils imaginaient qu'ils m'enverraient un e-mail et qu'ils ne recevraient jamais la moindre réponse. Mais je voulais vraiment répondre à leurs questions. Chez Comnet, on travaillait dans un open space, et j'avais l'habitude que les gens me posent des questions depuis l'autre bout de la pièce.

Chez HCLT, avec des dizaines de milliers d'employés et des bureaux dans le monde entier, il nous fallait trouver le moyen de recréer un équivalent à l'open space. Si nous ne le faisions pas, le bureau du P-DG (c'est-à-dire la fonction, pas moi en tant que personne) aurait trop de pouvoir. Ce que dirait le bureau du P-DG — ou ce que les gens prétendraient qu'il ait dit — l'emporterait toujours sur ce que dirait ou ferait n'importe quel employé.

Comment pouvions-nous créer un open space chez HCLT ?

Alors que je travaillais avec mon équipe sur ce sujet sur mon réseau social, une idée nous est venue à l'esprit, que nous avons décidé d'appeler U&I[9] — un forum en ligne où tout employé pourrait poser n'importe quelle question, à laquelle mon équipe de direction et moi-même répondrions. L'idée était de construire un forum ouvert où tout le monde pourrait poser une question, savoir qui l'avait posée, et connaître la réponse. C'était une idée simple avec laquelle nous espérions encourager une culture de conversation libre, réduisant les rumeurs et les fausses informations,

---

9 - NDT : U&I est prononcé de la même façon que « *you and I* » qui signifie « vous et moi ».

et créant ainsi plus de confiance. Aujourd'hui, je constate que beaucoup d'entreprises ont adopté ces forums, mais en 2005, je pense qu'il s'agissait d'une première. Beaucoup de ces sites, cependant, ne sont pas suffisamment ouverts. Ils permettent aux gens de poser des questions directement au P-DG, mais ni les questions ni les réponses ne peuvent être consultées par les autres. Ce genre de dialogue en tête à tête est une bonne chose, mais ne construit pas suffisamment la transparence entraînant la confiance.

Il y avait beaucoup de « oui, mais » au sujet du concept U&I. Comme pour la divulgation des données financières, deux questions sortirent du lot.

Première question : « Certains employés poseront des questions vraiment difficiles. Cela mettra en lumière des faiblesses encore inconnues des gens. Cela pourrait devenir incontrôlable. Il pourrait y avoir des fuites. Cela pourrait nous causer de vrais problèmes. »

Deuxième question : « Seuls les employés qui ont des problèmes poseront des questions, et non les gens qui sont satisfaits. L'entreprise aura l'air d'être bien plus en pagaille qu'elle ne l'est en réalité. »

Ces objections résonnaient juste. J'en parlai à beaucoup de gens. Je demandai l'avis de mon équipe de direction. Je me demandais si cette initiative ne poussait pas un peu trop loin l'idée de transparence, étant donné qu'on laverait désormais notre linge sale en public.

Au moment où j'allais laisser tomber l'idée, je repris moi-même l'exercice du miroir. Comment pouvions-nous créer de la confiance à travers la transparence si les membres dirigeants étaient les seuls à décider des questions que l'on pouvait poser et de celles auxquelles on pouvait répondre ? N'était-ce pas la raison pour laquelle le bureau du P-DG donnait l'image d'une forteresse imprenable, étant donné qu'il contrôlait complètement le discours officiel ? Si le P-DG avait peur de ce qui surgirait du placard, comment pouvait-on lui faire confiance, et comment faire confiance à la direction en général ? Il nous fallait continuer d'ouvrir la fenêtre. C'est ainsi que nous avons lancé le site intitulé U&I.

Encore une fois, les peurs de ceux qui doutaient étaient justifiées. Le forum U&I était un imbroglio de critiques et de plaintes, de discours et d'imprécations visant à montrer que l'entreprise avait faux sur toute la ligne. Les commentaires et les questions venaient envahir le forum et semblaient intarissables. La plupart du temps, ce que disaient les gens était vrai. En général, c'était blessant.

Un jour, alors que je parlais à un groupe d'employés, je leur fis part de ma frustration quant aux questions que nous recevions sur U&I. Je leur demandai ce qu'ils en pensaient, et leurs réponses m'ont sidéré.

« C'est le changement le plus important chez HCLT depuis des années, ont-ils répondu. Maintenant, nous avons une équipe de dirigeants qui est prête à reconnaître que tout n'est pas rose. » Selon ces employés, il y avait désormais beaucoup moins de ragots et moins de rumeurs qui faisaient le tour de l'entreprise. Les gens sentaient leurs points de vue écoutés par les dirigeants, et par conséquent, ils avaient plus d'espoir que quelqu'un, quelque part, répondrait à leur attente. Plus important encore, disaient-ils, ils réalisaient que leur direction ne prétendait pas connaître toutes les réponses ou savoir résoudre tous les problèmes le cas échéant. De ce fait, ils avouaient avoir une plus grande confiance en leurs dirigeants. Pour eux, les dirigeants l'avaient compris aussi.

Un jour, je reçus un e-mail intéressant qui mettait en évidence un autre aspect de ce portail et la façon dont les gens l'utilisaient.

« C'est une erreur de penser que U&I se limite à des conversations publiques et honnêtes entre les employés et les dirigeants, expliquait l'expéditeur de l'e-mail. Beaucoup de gens autour de celui qui pose la question participent à la conversation. Ils sautent sur l'occasion pour donner leur avis et aider l'intervenant à voir les choses sous un autre angle. Oui, la réponse du dirigeant est importante, mais une grande partie de la discussion a lieu au-delà de cet échange. D'autre part, cela met en évidence des problématiques à l'attention d'autres employés dans d'autres secteurs de l'organisation qui n'étaient pas forcément au courant du problème, et qui peuvent commencer à travailler sur ce problème s'ils pensent pouvoir y apporter des solutions. »

Un autre « Wouah ! ». Je voyais enfin la portée de ce que nous avions créé. Grâce au site U&I, il revenait non plus au

P-DG et aux dirigeants de résoudre les problèmes : cette responsabilité avait été transférée aux employés d'une manière que nous n'avions pas envisagée à l'origine. En permettant aux questions d'être posées, nous avions augmenté les probabilités qu'elles soient résolues — par quelqu'un, quelque part. En étant ouverts et en reconnaissant les imperfections qui existaient au sein de l'entreprise, nous avions déplacé la conversation de ce qui n'allait pas vers ce qu'on pouvait y faire. Même si la liste des difficultés à résoudre ne diminue jamais, les problèmes que nous avons aujourd'hui ne sont pas ceux que nous avons rencontrés cinq ans plus tôt. Le portail U&I continue de générer un trafic important chaque semaine, mais il est également devenu une importante source d'information qui m'aide à comprendre où nous en sommes et quels problèmes nous devrons aborder ensuite.

Il y eut d'autres expériences visant à améliorer la transparence. Certaines se passèrent horriblement mal ; d'autres nous surprirent par leur réussite. Cependant, nous ne nous sommes jamais entichés d'aucune de ces idées en elle-même et pour elle-même. Nous sommes restés focalisés sur les résultats, qui semblaient montrer que toutes les conditions étaient réunies et que nous étions fin prêts pour le vrai changement. C'est en tout cas ce que je me disais à l'époque.

# Expliquer aux clients
# pourquoi ils arrivent en second

Alors que nous étions en train de travailler à la construction de la confiance en interne, nous continuions de chercher à gagner de nouveaux marchés, de développer de nouvelles stratégies et de nouvelles solutions pour nos clients. Une partie de notre succès ultérieur auprès de nos clients remonte sans doute à une réunion que nous avions organisée en février 2006 avec les représentants de trois cents de nos clients, des CIO pour la plupart d'entre eux. Ils se rendirent à Delhi depuis les quatre coins du monde.

Cette réunion me vint à l'esprit à la suite de conversations avec nos clients. Je voulais savoir s'ils retiraient vraiment de la valeur avec l'approche EFCS. Je voulais mieux comprendre leur relation avec leurs autres prestataires. Nos clients avaient-ils confiance en eux ? Ces fournisseurs étaient-ils, d'après eux, suffisamment transparents ? Et je voulais que nos clients sachent que même si nous semblions les faire passer en seconde position, ils étaient, bien entendu, au centre de toutes nos préoccupations, et que l'approche EFCS visait à créer une valeur plus importante, pour eux autant que pour nous.

Lors de cette rencontre, je souhaitais développer l'idée de transparence. Nous avons donc repris l'exercice du miroir avec les clients et partagé les éléments que nous pensions devoir changer chez HCLT. Nous avons exposé les challenges qui nous attendaient, et le chemin que nous avions décidé d'emprunter pour traiter ces problématiques et créer plus de valeur pour eux.

Cette réunion nous apparut aussi comme une opportunité de continuer à accroître la transparence avec nos employés. Pourquoi ne pas retransmettre cet événement pour que nos employés puissent se rendre compte à quel point nous prenions au sérieux l'idée EFCS ? C'est exactement ce que l'on fit. Alors que trois cents de nos clients étaient réunis dans une salle de conférence, des milliers d'employés de HCLT se mirent devant leur écran d'ordinateur pour regarder et écouter. Il s'agissait là d'un degré de transparence jamais vu chez HCLT jusqu'alors. Ce jour-là, beaucoup d'attentistes devinrent des transformeurs.

Durant ces deux jours, nous avons fait parler un certain nombre d'intervenants — parmi lesquels des analystes, des experts clients et des dirigeants de HCLT. Nous avons pu aborder une grande variété de sujets, comme le changement des besoins des clients, l'évolution des aspirations de nos employés, et les exigences de plus en plus lourdes pesant sur les épaules des CIO. Nous avons discuté des nouvelles tendances technologiques, des questions de vie privée, d'économie mondiale, de l'émergence de l'Inde et de la Chine au rang des grandes sociétés de consommation, et du changement des habitudes des consommateurs, avec pour conséquence l'apparition de nouveaux modèles

B2B et B2C[10]. Nous avons insisté sur le fait que ces problématiques nécessitaient plus que quelques idées novatrices ; elles allaient requérir un changement fondamental dans les modèles de partenariat.

Puis j'ai exposé à cette assemblée de clients notre philosophie : « Les employés d'abord, les clients ensuite. » J'ai exposé longuement le concept et les avantages qu'il représentait d'ores et déjà pour nos clients, créant des relations plus solides et meilleures.

J'ai conclu la réunion en affirmant que l'approche EFCS ne signifiait en aucun cas que nous considérions les clients comme des citoyens de seconde zone. « Vous vous trouvez en ce moment confrontés à des challenges extraordinaires, qui amèneront de nouveaux challenges dans les technologies IT ces prochaines années, ai-je déclaré. Il vous faut des solutions intégrées pour des opérations complexes. Il vous faut de la flexibilité et de la transparence. Il vous faut gagner en souplesse. Pour que vous puissiez y parvenir, il vous faut entretenir des relations fondées sur la création de valeur avec des fournisseurs de services IT qui comprennent vos objectifs professionnels et peuvent aligner les solutions technologiques correspondantes. »

Je repris : « Nous pensons chez HCLT que pour devenir ce genre de fournisseur, nous devons créer un modèle entièrement nouveau. Nous devons changer notre façon

---

10 - NDT : le B2B (*business to business*) est le commerce d'entreprise à entreprise, le B2C (*business to consumer*) est le commerce d'entreprise à particulier.

de construire et de conserver la création de valeur dans nos partenariats avec vous, nos clients. Ces partenariats exigeront de nous que nous pensions bien au-delà des solutions technologiques en elles-mêmes. La réussite réside dans la manière dont les solutions sont intégrées, et dans le maintien des bénéfices que vous en retirez. Nous pensons qu'en mettant les employés au premier plan — en faisant tout ce que nous pouvons faire pour que nos employés puissent vous apporter une vraie valeur — nous vous serons bien plus utiles que nous ne l'avons jamais été. Notre nouvelle approche ne signifie pas que nous tiendrons nos clients pour acquis. Jamais. Notre objectif est de libérer l'intelligence de nos esprits les plus brillants. Nous voulons qu'ils s'alignent sur vos défis et qu'ils deviennent vos facilitateurs, vos créateurs d'opportunité. Nous avons l'intention de développer des partenariats basés sur la confiance et la transparence, qui produiront une valeur extraordinaire pour vous, et par conséquent pour nous. C'est pourquoi notre approche "les employés d'abord" représente un poids si important dans notre stratégie. Pour réaliser ce formidable potentiel, il nous faut non seulement votre compréhension et votre approbation, mais aussi votre implication active. »

Comment les clients ont-ils réagi ? Deux clients « oui, mais » n'ont pas été convaincus par la nouvelle approche de HCLT, trop faible et trop tardive à leur goût, et ont résilié leurs contrats avec nous. Quelques attentistes en ont conclu : « Ça a l'air intéressant. Voyons comment ça marche. » Certains, des transformeurs, ont beaucoup aimé l'approche et ont demandé : « Que souhaitez-vous que nous fassions pour vous aider ? »

Tout bien considéré, nos clients furent plus compréhensifs que ce à quoi je m'attendais. En une seule réunion, nous avions mobilisé quelques clients importants pour participer à ce changement, et nos employés, qui voyaient tout cela depuis leur bureau, comprirent que cette nouvelle approche était la bonne. Les clients commencèrent à comprendre qu'en faisant passer les employés d'abord, notre objectif était de créer plus de valeur pour eux, les clients, pas de la réduire — et qu'en retournant notre équation standard, ils se retrouveraient en fait au premier plan.

Nos clients respiraient déjà mieux. Ils souriaient. Parfois même ils *me* souriaient.

## Remporter de grandes victoires contre les grands acteurs

Tout en continuant à améliorer notre transparence, nous avons avancé dans la construction de notre climat de confiance au sein de l'organisation. J'évaluai notre progression en fonction des quatre éléments de confiance de David Maister.

*La fiabilité* : ça allait un peu mieux. Les outils en ligne nous aidaient à nous améliorer sur ce point.

*L'intimité* : du mieux là aussi. Les conversations sans fin y étaient pour quelque chose.

*La motivation personnelle* : c'était mieux, là aussi. Les dirigeants étaient beaucoup plus attentifs à leur entourage et impliqués que jamais.

*La crédibilité* : pas si bien.

Que nous apportaient la transparence et la culture de la confiance si nous ne pouvions pas appliquer notre nouvelle stratégie d'entreprise — atteindre notre objectif de devenir un fournisseur de services IT globaux et gagner des parts de marché par rapport aux grands acteurs ?

À l'automne de cette année-là, nos efforts ont commencé à porter leurs fruits. Nous avons remporté nos premières victoires sur les acteurs mondiaux. La première d'entre elles fut la conclusion d'un marché avec Autodesk en novembre 2005. Il s'agissait d'un contrat bien plus important que le plus gros contrat que nous avions signé auparavant, et qui conduisait à un partenariat.

Puis un jour, l'occasion unique se présenta.

À la fin du printemps 2005, nous avions regardé de près un marché potentiel très important avec une entreprise du nom de DSG International. Cette société est un conglomérat de revendeurs en biens électriques et électroniques — télévisions, ordinateurs portables, machines à laver, GPS, iPod et autres — peut-être plus connue sous le nom de Dixons au Royaume-Uni. Nous l'appellerons le conglomérat « Dixons », tout simplement.

Nous pensions voir en Dixons l'opportunité parfaite pour HCLT. Notre nouvelle structure organisationnelle nous permettait d'offrir et d'intégrer la série complète des services que recherchait Dixons, et ce de façon très efficace. Tout au long de l'été et de l'automne, nos employés ont travaillé vraiment très dur. Ils ont créé de nouveaux outils, de nouveaux modèles, de nouveaux procédés. Ils les ont développés de manière remarquable à partir de rien. Ils ont créé une solution qu'aucun acteur mondial ne pouvait égaler.

À la mi-janvier 2006, DSG International annonça son choix. Voici ce qu'on pouvait lire sur ZDNet Asia, une source majeure d'informations sur les marchés de la technologie : « Kevin O'Byrne, directeur financier du groupe DSG International, s'est exprimé en ces termes : "Ce partenariat en co-sourcing renforcera nos capacités, apportera de l'innovation et améliorera notre flexibilité pour construire notre position de leader européen sur le marché de l'électronique[11]". »

*Partenariat. Co-sourcing.* Ces mots étaient beaux. Aucune mention des termes *fournisseur*, ou *vendeur*, ou

---

11 - Andy McCue, « Dixons Outsources IT to India in US$ 263M Deal » [Dixons sous-traite son IT en Inde dans un contrat de 263 millions de dollars], ZDNet Asia, 23 janvier 2006, www.zdnetasia.com.

*sous-traitant*. Non seulement c'était de loin le plus gros contrat jamais signé dans toute l'histoire de HCLT, mais c'était aussi le plus grand marché de sous-traitance en services IT jamais signé par une entreprise indienne.

Un autre article, dans l'*EFYTimes*, rapporta mes paroles : « C'est grâce à nos employés et à leurs compétences que de telles opportunités s'offrent à nous, nous permettant de démontrer la vraie valeur que les HCLTiens fournissent à nos clients[12]. »

Placez les employés en tête, les clients suivront.

Ils suivirent en effet. Six mois tout juste après Dixons, nous avons signé un contrat de sous-traitance multiservices de plusieurs millions de dollars, sur cinq ans, avec Teradyne, l'un des plus grands fournisseurs américains en équipements de tests semi-conducteur aux États-Unis, l'emportant ainsi sur les géants mondiaux qui se trouvaient en compétition avec nous. Chuck Ciali, le CIO de Teradyne, affirma que c'était notre modèle de partenariat qui nous avait fait sortir du lot. « Nous avons sélectionné HCLT en nous appuyant sur l'étendue de leur expérience avec des clients mondiaux dans l'industrie high-tech, sur leur approche du partenariat et sur la transparence de leurs modèles d'engagement[13]. »

---

12 - « HCL Ties up with DSG International » [HCL conclut avec DSG international], *EFYTimes*, 19 janvier 2006.
13 - « HCL, Teradyne of US in $70M Outsourcing Deal » [HCL signe avec l'américain Teradyne un contrat de sous-traitance de 70 millions de dollars], *Hindu Business Line*, 14 juillet 2006, www.thehindubusinessline.com.

Mais ce fut un analyste de l'industrie IT, Eamonn Kennedy, directeur de recherche chez Ovum, qui rendit compte au monde entier de la réussite de notre nouvelle stratégie : « À tous ceux d'entre nous qui auraient encore quelques doutes : HCLT vient de vous sortir de votre confort douillet. Ceci est la preuve que les sous-traitants basés en Inde ont les épaules pour gagner contre les champions en titre[14]. »

Dans les douze mois consécutifs à la réunion Blueprint, nous avons remporté cinq importants contrats de sous-traitance, d'une valeur totale de 700 millions de dollars, sur lesquels nous étions en compétition avec les Quatre Grands fournisseurs de technologies IT globales. Le secteur commença à s'en rendre compte. Le buzz autour de HCLT avait commencé. « HCL Technologies est un élément perturbateur, et mérite qu'on le regarde de plus près », titrait un rapport d'IDC[15]. « Il est fort probable que HCL soit un prétendant sérieux au rang des leaders mondiaux des services IT dans un futur très proche[16] » Et cette phrase lue dans *The Economist* : « Le cinquième plus grand sous-traitant indien, HCL Technologies, rend de plus en plus nerveux IBM et les autres multinationales[17]. »

---

14 - McCue, « Dixons Outsources IT to India » [Dixons sous-traite son IT en Inde…], *op. cit.*
15 - IDC, ou International Data Corporation, est un cabinet de recherche et d'analyses en marketing spécialisé dans l'informatique et les télécommunications.
16 - Barry Rubenstein, « HCL Technologies is Disruptive and Bears Watching » [HCL Technologies est un élément perturbateur, il faut qu'on garde un œil sur eux], IDC Event Flash, novembre 2006.
17 - « Hungry Tiger, Dancing Elephant: How India is Changing IBM's World » [Le tigre affamé et l'éléphant qui danse : comment l'Inde est en train de changer le monde d'IBM], *The Economist*, 4 avril 2007.

# Le pouvoir des catalyseurs dans la création d'une culture du changement

Avant de vous lancer dans le troisième chapitre, gardez à l'esprit que rien de tout cela n'avait été minutieusement planifié à l'avance. Oui, j'avais à l'esprit un schéma stratégique global, mais les choses ont été encore plus aisées et improvisées que je ne l'ai décrit.

Avec le recul, j'ai réalisé qu'à l'intérieur d'un vaste projet, nous avons essayé différentes choses, et que ces initiatives (celles qui ont fonctionné, du moins) ont amené un changement particulièrement positif. Bien plus, elles ont servi de catalyseurs pour des changements à venir, au-delà de l'intention de départ. Une petite modification de l'ADN de l'organisation pouvait entraîner une escalade et une accélération rapide, très puissante et souvent inattendue, vers un changement encore plus important.

Cela s'est vérifié avec le partage des données financières, avec U&I, et avec d'autres actions que nous avons poursuivies. Quand je repense à tout cela, je crois que j'étais poussé par trois intimes convictions :

- La conviction que « Miroir, mon beau miroir », qui n'est au départ qu'un exercice, pouvait et devait devenir une approche durable et un mode de pensée institutionnalisé.

- La conviction que la confiance était indispensable à l'exécution de notre stratégie, et qu'elle pouvait être créée uniquement en allant bien au-delà des notions de transparence traditionnelles.

- La conviction qu'il suffit de quelques catalyseurs, comme l'idée de la fenêtre d'Amsterdam, pour déclencher beaucoup de changement.

Les catalyseurs sont des actions simples — bien plus que des programmes sophistiqués de transformation organisationnelle qui traînent pendant des années — qui peuvent aider à la transformation d'une culture sclérosée en une culture en constante évolution. Je ne veux pas dire que les catalyseurs que nous avons utilisés chez HCLT sont ceux que les autres devraient employer. Mais je vous recommande vivement de trouver vos propres catalyseurs, de les pousser au maximum, pour ensuite en trouver d'autres encore et les pousser encore plus loin.

CHAPITRE 3

# Inverser la pyramide organisationnelle

## Construire une structure du changement

Soudain, il nous sembla être arrivés au bout de nos peines !

Nous avions regardé dans le miroir et nous étions confrontés à la réalité. Nous avions considérablement amélioré notre transparence et traité le problème de la confiance. Nous avions remporté quelques gros contrats décisifs et en remportions encore quelques autres avec une régularité encourageante. On se réjouissait au pays de HCLT. Un jour ou l'autre semblait-il, nous pourrions annoncer notre victoire et nous reposer sur nos lauriers !

C'était exactement ce que je redoutais.

J'avais peur que les avancées et les changements auxquels nous étions parvenus ne soient pas assez grands, ou pas assez profonds — que petit à petit, décision après décision, action après action, nous risquions de glisser lentement et inexorablement le long de la pente de cette montagne que nous avions à peine commencé d'escalader.

Plus je pensais à ce que nous avions déjà accompli, plus il me semblait que nous étions parvenus à créer un environnement qui était *prêt* pour le changement. L'environnement d'une entreprise qui crée une transformation de longue durée est très différent de celui d'une entreprise qui se contente de changer quelques détails.

Je ne savais pas quelle devrait être notre prochaine étape. Alors, comme souvent, j'ai cherché des conseils dans mon propre passé. Je me suis rappelé mon professeur de géographie à l'école primaire. Notre école se trouvait au pied des premiers reliefs de la montagne. Un jour, par temps clair, elle nous emmena dehors et montra du doigt l'Himalaya, au loin : « Que voyez-vous au-delà des montagnes ? » demanda-t-elle.

Nous n'en avions aucune idée, alors nous inventâmes toutes sortes de réponses. Elle reposa la question, encore et encore. Enfin, il nous fallut admettre que nous ne savions pas.

« Bien, conclut-elle. C'est la bonne réponse. Rentrons maintenant à l'intérieur, pour voir si vous pouvez trouver la réponse. »

Chez HCLT, alors que la fin de l'année 2006 approchait à grands pas, je ne savais pas ce qui se trouvait, pour nous, au-delà des montagnes.

Ceci dit, je connaissais plutôt bien la configuration du terrain de ce côté-ci des montagnes. Comme nous l'avions dit lors de la réunion Blueprint, les clients étaient de moins en moins satisfaits de leurs fournisseurs IT et souhaitaient obtenir plus de valeur, compte tenu des sommes d'argent considérables qu'ils dépensaient en technologies IT. Cela étant, leur insatisfaction pouvait devenir une énorme opportunité pour HCLT. Je réalisais aussi que nous ne pouvions pas encore profiter de cette opportunité, parce que nous n'étions pas vraiment très différents des prestataires qui étaient la cause de leur frustration. Oui, les réussites s'étaient récemment multipliées. Mais gagner quelques contrats n'allait pas transformer l'entreprise en entier.

Je me rendis compte qu'il fallait faire bien plus que bricoler nos méthodes actuelles, et ceci me fit repenser à un job d'été que j'avais décroché durant mes années d'études. J'y avais appris quelque chose qui me semblait désormais applicable à la situation dans laquelle nous nous trouvions chez HCLT.

## Une leçon : la ferme avicole

Durant mes années d'études, j'ai passé une saison dans un élevage de volailles près de chez moi. Je travaillais avec quelques amis, et notre travail consistait à ramasser les œufs dans les poulaillers, qui se trouvaient d'un côté de la ferme, et à les transporter jusqu'aux hangars de stockage, de l'autre côté. Chacun d'entre nous remplissait un panier d'œufs dans l'un des poulaillers, le portait jusqu'à l'un des hangars, puis revenait en chercher d'autres, traversant chaque fois la cour de la ferme jusqu'à ce que tous les œufs aient été ramassés et déposés dans les hangars.

Nous suivîmes les ordres un jour ou deux. Puis, comme nous étions des gamins plutôt malins, nous avons décidé que cette manière de transporter les œufs avait ses limites. C'était lent, ennuyeux, peu efficace. Nous n'étions pas payés à l'heure, mais seulement une fois le travail terminé. Si nous trouvions un moyen de livrer tous les œufs plus rapidement, nous pourrions partir du travail plus tôt et passer notre temps libre à jouer au football ou à d'autres occupations.

Nous avons alors démarré une expérience. Et si nous prenions plus d'œufs dans chaque main ? Et si nous utilisions un des poulaillers comme dépôt central, où nous rassemblerions tous les œufs d'abord avant de faire les allers et retours jusqu'aux hangars ? Et si nous divisions le travail — certains travailleurs seraient au ramassage et les autres à la livraison ?

Après environ deux semaines passées à essayer toutes les méthodes qui nous venaient à l'esprit, il fut évident que chacune avait ses avantages et ses inconvénients, mais qu'aucune d'entre elles ne changeait grand-chose. Nous continuions de porter des œufs comme on en avait transporté pendant des décennies, probablement des siècles, et peut-être même des millénaires. On se lassa de l'expérience et on revint à la méthode traditionnelle. Pour rendre le travail plus supportable, on blaguait et on discutait de ce que l'on ferait une fois la tâche accomplie. Peut-être irions-nous faire un match de cricket. Ou peut-être rentrerions-nous chez nous écouter les Beatles.

Lors de mon dernier jour de travail cet été-là, j'eus une révélation. Je me rendis compte que bricoler le procédé du transport d'œufs ou simplement faire de son mieux ne changerait jamais la nature fondamentale de ce travail ni la manière d'élever des volailles. Nous étions coincés dans une organisation archaïque, et avant que cela change, rien ne changerait, rien ne pouvait changer.

Il en allait de même de nos expérimentations chez HCLT, y compris de U&I et du partage des données financières. Nous avions bricolé les processus et nous étions préparés au changement, mais nous transportions toujours nos œufs de la manière.

Il m'apparut qu'il nous fallait désormais nous pencher plus sérieusement sur la structure même de la ferme. Il fallait trouver le moyen d'intégrer notre approche EFCS à la structure de l'organisation, de sorte qu'elle devienne vitale et qu'il ne soit pas facile de revenir en arrière.

## La vieille pyramide dans un nouveau paysage

Comme je l'ai dit plus haut, l'organisation de HCLT, ainsi que celle de tant d'autres entreprises, était une structure pyramidale traditionnelle. Il y avait les cadres seniors au sommet ; une couche épaisse de managers intermédiaires et de postes fonctionnels comme la finance, les ressources humaines, la formation et le développement, la qualité et l'administration au milieu de la pyramide ; et les travailleurs de première ligne, ceux qui détenaient le moins de pouvoir et d'influence, tout en bas de la pyramide.

L'approche de type « commandement et contrôle » fut durant des siècles la principale caractéristique des grandes organisations. Les monarchies, les armées et les institutions religieuses ont crû, se sont étendues, et ont dominé leurs opposants par la mise en place de hiérarchies rigides au service du chef suprême. Cette structure fonctionna tout aussi bien dans le cadre de l'économie industrielle lorsqu'elle fit son apparition. La zone de création de valeur des entreprises industrielles était profondément ancrée à l'intérieur de l'organisation, dans les centres de Recherche et Développement et sur les sites de production. Tout le reste pouvait être vu comme important, mais pas essentiel pour créer des avantages comparatifs et un succès sur le marché.

Durant de nombreuses années, l'industrie IT fut essentiellement celle d'une industrie de production. La zone de création de valeur se trouvait — comme dans les secteurs automobile, électroménager et aérospatial — dans la conception et la fabrication de matériel informatique. Chaque entreprise cherchait à créer la puce la plus rapide, la meilleure interface utilisateur, le gadget le plus malin, et à l'offrir au prix le plus bas possible.

Cependant, l'apparition de l'économie du savoir a changé tout cela. Ainsi que je m'en étais rendu compte les tout premiers jours où j'ai été nommé P-DG de HCLT (particulièrement lors des conversations avec les clients), la zone de création de valeur ne se trouve plus dans la technologie en elle-même et certainement pas dans quelque technologie hardware ou software que ce soit. Les clients pouvaient choisir parmi de nombreuses options, toutes susceptibles de leur permettre d'arriver à leurs fins, à condition qu'elles soient correctement mises en place.

Il fallait donc que la différence se fasse sur la manière de combiner les technologies entre elles et de les mettre en place pour chaque client. Il fallait changer quelque chose en plus dans notre façon de proposer nos services.

## Quatre tendances dans les technologies de l'information (IT)

Pour changer le *comment*, il nous fallait bien réfléchir aux changements dans le paysage IT et développer une stratégie correspondant à ce qui était en train de se passer.

Pour HCLT, en 2005, le monde des technologies de l'information était caractérisé par quatre tendances majeures.

Premièrement, ainsi que nous l'avons remarqué dans notre estimation du point A lors de l'exercice du miroir, les affaires devenaient de plus en plus complexes et les technologies IT devenaient de plus en plus centrales dans les stratégies d'entreprise. Par conséquent, le poste de CIO (directeur des systèmes d'information) avait plus de pouvoir et plus de poids que par le passé.

Deuxièmement, l'industrie IT créait plus de valeur lorsqu'elle développait des technologies innovantes qui pouvaient d'une part aider les entreprises à rendre les méthodes de travail plus rapides, moins chères et plus accessibles, et d'autre part en offrant les analyses dont ont besoin les CIO et autres managers pour mieux prendre leurs décisions. Mais passer à de telles technologies impliquait aussi plus de complexité dans la mise en place des solutions choisies.

Troisièmement, la sophistication toujours plus élevée des projets des clients, combinée à plus de complexité dans les solutions (souvent résolues auprès de plusieurs prestataires), obligeait les clients à se concentrer sur la mise en place et l'exécution. Il fallait qu'ils évitent de se laisser séduire par le battage publicitaire autour de la dernière innovation. De ce fait, les clients chercheraient de plus en plus des solutions sur mesure pour leurs besoins spécifiques, mais pouvant être construites, autant que possible, à partir de technologies standard. En d'autres termes, cette zone de création de valeur allait devenir cruciale dans un futur proche, parce que c'était là que se profilaient les solutions à venir. Enfin, les clients exigeaient de plus en plus de leurs intégrateurs de systèmes — ces entreprises qui rassemblent les technologies et les solutions de plusieurs prestataires, afin de les faire fonctionner théoriquement ensemble sans problème — qu'ils améliorent plus que jamais leurs niveaux de performances et qu'ils parviennent à créer des solutions uniques pour eux. Mais comme les différentes équipes impliquées appartenaient à différentes hiérarchies — celles de l'intégrateur et celles du client —, les structures hiérarchiques entravaient souvent leur travail. Par conséquent, les nouveaux projets se heurtaient souvent à des difficultés, prenaient plus de temps que prévu, ou ne parvenaient pas finalement à apporter les bénéfices escomptés.

## L'opportunité et une stratégie pour la saisir

Nous savions que notre opportunité se trouvait au cœur de ces tendances : définir HCLT comme un fournisseur IT concentré sur des solutions alignées sur la stratégie du client, comme une entreprise qui, à l'aide de technologies et d'outils innovateurs (mais pas plus que nécessaire), permettait aux clients de réduire les cycles des processus les plus cruciaux, y compris ceux-ci :

*De la commande au paiement* : entre le moment où l'on accepte la commande d'un client et celui où l'on reçoit le paiement.

*Le recrutement de personnel* : entre la définition du poste à pourvoir et le moment de l'embauche.

*De la conception à la réalisation* : entre le prototype du nouveau produit à la fabrication du produit fini.

En d'autres termes, nous voulions déplacer notre attention des services que nous vendions vers la contribution aux résultats de nos clients.

Amener de multiples équipes à travailler ensemble sur un problème complexe est plus facile à dire qu'à faire, bien entendu. Cependant, il ne s'agit pas vraiment d'un problème de travail d'équipe. D'après mon expérience, quand les équipes se concentrent sur un objectif, elles trouvent à un moment ou à un autre des manières de collaborer. Le problème venait plutôt de ce que nous appelons, chez HCLT, la « Main de Dieu ». Autrement dit, les patrons prennent trop de place.

Les managers seniors, situés bien confortablement loin de la réalité, sont ceux-là mêmes qui peuvent prendre une décision « Main de Dieu », qui met souvent en danger tout ce qui se passe dans la zone de création de valeur. Pourquoi ? Parce que les patrons croient sincèrement que du fait de leur position en haut de la pyramide, ils ont une meilleure vue sur le paysage, et qu'ils sont les mieux placés pour prendre les décisions qui profiteront à toute l'organisation.

Cette logique est difficile à remettre en cause. Après tout, il nous faut bel et bien tenir compte de cette vue à douze mille mètres d'altitude. Il faut essayer de distinguer ce qui se trouve au-delà des montagnes. Mais, je pensais qu'il s'agissait là d'une idée reçue. C'était ainsi que faisaient nos concurrents. Nos clients s'attendaient à ce que nous nous comportions de la même manière. Mais cette logique ne nous conduirait pas à une nouvelle stratégie, et ne provoquerait pas de changement fondamental. Elle nous contraindrait simplement à trimballer encore et toujours nos œufs dans les mêmes vieux paniers.

Nous avons alors commencé à réfléchir à certaines questions qui nous parvenaient par U&I ou que l'on nous posait lors de nos réunions publiques — des questions de ce genre :

- « Je ne comprends pas pourquoi je dois rendre des comptes à ce directeur-là. Il ne comprend pas vraiment mon travail. Quelle valeur peut-il ajouter à ce que je fais ? » Cette question intéressante me fit réfléchir au lien entre une structure hiérarchique et la création de valeur.

- « Pourquoi devons-nous passer tant de temps à accomplir des tâches exigées par les postes fonctionnels ? Les ressources humaines ne devraient-elles pas me soutenir, de sorte que je puisse mieux m'occuper des clients ? J'ai l'impression qu'ils ont un pouvoir excessif en comparaison de la valeur qu'ils apportent au client. » Cette question sous-entendait que le pouvoir fonctionnel devait être proportionnel à la capacité à apporter de la valeur, plutôt qu'à la position sur la pyramide.

- « Beaucoup de managers ont bien plus d'influence sur la valeur que je peux produire que ceux à qui je reporte. Mais nous n'avons pas de relation formelle. Cela a-t-il un sens ? » Non, cela n'avait aucun sens. De même, ça n'avait aucun sens que des employés rendent des comptes à un manager qui ne soit pas en mesure d'ajouter de la valeur à leur travail, ou que ceux qui créent aussi peu de valeur puissent exercer autant de pouvoir.

Plus on y réfléchissait, plus nous comprenions que très peu de choses dans cette pyramide ancestrale avaient encore un sens, étant donné les tendances que nous avions identifiées et les aspirations que nous avions définies pour nous-mêmes au sein du paysage IT.

C'est là que l'idée révolutionnaire de la pyramide inversée me revint à l'esprit. Et si le patron devait rendre des comptes à la zone de création de valeur autant que celle-ci devait rendre des comptes au patron ? Et si le patron devait rendre des comptes non seulement à sa propre équipe, mais aussi à tous les autres membres de cette zone de création de valeur que le patron en question fût en mesure d'influencer de façon positive ou négative ?

Si nous pouvions mettre ces choses en place, est-ce qu'elles créeraient le changement fondamental que nous recherchions ? Le changement éveillerait-il la passion de nos employés dans cette zone ? Seraient-ils ainsi conduits à produire beaucoup plus de valeur que nos concurrents ? Nos clients pourraient-ils se rendre compte de ce changement, le comprendre, et l'apprécier ?

Étais-je en train de rêver ? Peut-être, mais je n'étais pas la première personne à avoir réfléchi à ce sujet.

C. K. Prahalad, le célèbre auteur et gourou du management, a écrit un livre intitulé *Fortune at the Bottom of the Pyramid*[18], dans lequel il prédit que « le bas de la pyramide va devenir la plus belle opportunité d'innovation pour les modèles économiques[19] ». C. K. Prahalad pense surtout aux opportunités commerciales pour les économies des régions émergentes à forte population, plutôt qu'à celles que proposent les structures *corporate*. De même, ce concept est pertinent dans l'organisation des entreprises. Le « bas » représente une énorme opportunité inexploitée pour conduire les innovations dédiées aux clients.

Cette idée est soutenue par les recherches de Gallup. Si l'on en croit les conclusions des sondages menés par

---
18 - *La Fortune au bas de la pyramide.*
19 - C.K. Prahalad, *The Fortune at the Bottom of the Pyramid : Eradicating Poverty Through Profits* [La fortune au bas de la pyramide : Éradiquer la pauvreté par le profit), Upper Saddle River, NJ : Wharton School Publishing, 2005.

Gallup sur plusieurs décennies, les clients passent d'un fournisseur à un autre parce qu'ils sont attirés par l'un des « quatre P » du marketing — un meilleur *produit*, un *prix* plus bas, une *promotion* intéressante, ou un meilleur *placement* (au sens d'emplacement).

Cependant, les quatre P — tout attractifs qu'ils soient — ne produiront pas une relation forte et durable entre client et partenaire sans le cinquième P, bien sûr, P comme *personnes*. Placement, promotion, prix — et même produit — ne peuvent pas compenser un manque d'engagement ou de réalisation, que ce soit dans les relations étroites entre les personnes, au sein d'un service clients ou au sein d'un partenariat ou d'une organisation de fournisseurs.

Si tout cela était juste, comme je le pensais alors, quelles implications cela aurait-il pour la pyramide chez HCLT ? Comment pourrions-nous mettre la collaboration au cœur de la structure de l'organisation ?

## Une autre leçon du modèle familial

Comme je l'ai dit plus haut, je pense que l'institution familiale a effectué une transition progressive, d'une hiérarchie de type « commandement et contrôle » à une structure plus collaborative, et peut donc constituer pour nous un bon modèle à suivre. Mais comment a-t-elle procédé ? Et quelles sont les principales caractéristiques de la famille ?

Après la confiance, je découvris que l'un des changements les plus importants concernait un sujet dont nous discutions alors chez HCLT : la *responsabilité*. Dans la famille traditionnelle, les enfants étaient sous la complète responsabilité de leurs parents. Ils étaient responsables de choses mineures, comme faire leur part de tâches ménagères, obtenir de bonnes notes, être polis et responsables de choses majeures également — leur cursus éducatif, les carrières qu'ils poursuivaient, et la personne qu'ils épousaient.

Je réalisai que la responsabilité aujourd'hui avait été inversée. Beaucoup de parents pensaient devoir rendre des comptes à leurs enfants. Oui, les adultes continuaient à endosser les responsabilités traditionnelles, nourrir, habiller et héberger leurs enfants. Mais ils commençaient aussi à réaliser que leurs propres actions ou inactions, comportements et habitudes, croyances et préjugés, comportaient un formidable pouvoir d'influence sur leurs enfants — sur leur comportement scolaire et social ; sur leur santé mentale, physique et émotionnelle ; et sur le regard qu'ils portaient sur le monde. Les parents commençaient aussi à faire le lien entre leurs propres actes et ce que pourraient devenir leurs enfants en grandissant. Leurs enfants réussiraient-ils leur vie ? Seraient-ils heureux ?

Il y avait donc une responsabilité d'un nouveau genre dans la famille nouvelle.

Évidemment, l'organisation d'une entreprise est différente de celle d'une cellule familiale. Cependant il était important de se demander pourquoi l'organisation *corporate* semblait encore plus à ce point dépassée que d'autres structures de notre société. Pourquoi les gens éprouvent-ils en général un certain dédain envers la structure *corporate*, et en particulier n'aiment pas les entreprises dans lesquelles ils travaillent ? Et inversement, pourquoi respectent-ils la famille, même si la leur est bancale ? Qu'est-ce qui fait que les gens croient en la démocratie, même s'ils sont déçus par les dirigeants actuellement au pouvoir ?

Nous avons commencé à réfléchir à ce qu'il fallait faire pour que HCLT devienne un genre de famille moderne. Mais nous ne voulions pas créer un changement brutal et global, parce que cela aurait déstabilisé l'entreprise et causé trop de bouleversements. De même, nous ne voulions pas abandonner toute forme de hiérarchie, parce que la structure formelle inclut la discipline et la fiabilité dont ont besoin les organisations pour fonctionner d'une manière efficace.

Nous voulions juste infiltrer un petit changement dans le mode de fonctionnement, de telle façon que ce changement ait un effet important et durable.

## La responsabilité inversée

Nous savions qu'il nous faudrait définir le terme de *responsabilité inversée* avec la plus grande précaution.

Nous ne voulions pas que cela tourne à un débat sur les personnes ou des postes spécifiques. Nous ne parlions pas de faire que les cadres supérieurs aient à rendre des comptes aux employés de première ligne. Nous n'avions pas pour objectif que notre vice-président en ingénierie fasse signer sa feuille de présence par le serveur de la cafétéria.

La responsabilité inversée signifiait simplement que nous voulions que certains éléments de la hiérarchie rendent un peu plus de comptes à la zone de création de valeur. Nous visions trois catégories de postes en particulier : les postes fonctionnels ; la chaîne de commandement jusqu'au P-DG ; et les influenceurs qui n'ont pas de pouvoir hiérarchique mais dont le travail est crucial pour créer l'effet « Wouah ! » recherché dans la zone de création de valeur.

### Le pouvoir des postes fonctionnels

Nous avons d'abord examiné les postes fonctionnels. Nous avons alors découvert que les employés de la zone de création de valeur devaient rendre des comptes aussi bien à la finance, aux ressources humaines, aux R&D, à la qualité, à l'administration et à d'autres postes fonctionnels qu'à leurs managers directs.

Même si ces fonctions étaient censées soutenir les employés de la zone de création de valeur, la réalité était parfois différente. Les politiques internes, qui étaient supposées être transparentes et fonctionner à tous les niveaux de l'organisation, étaient souvent interprétées différemment par différents managers dans différentes parties de l'entreprise, et les raisons de ces déviations n'étaient pas toujours claires aux yeux des employés. Cela rendait la vie compliquée, spécialement pour les nouveaux employés qui ne connaissaient pas encore grand monde au sein de l'organisation ; quand ils avaient une question, ils ne savaient pas vraiment à qui s'adresser, ni le temps que pouvait prendre un problème avant d'être résolu. Par conséquent, beaucoup d'employés trouvaient que la meilleure solution était d'arborer leur plus beau sourire, de dire : « S'il vous plaît » et de commencer à prier.

Les employés n'avaient virtuellement aucune influence sur les postes fonctionnels. S'il y avait un problème, ils devaient alors en général lever les yeux vers le haut de la pyramide — vers leur directeur, ou le directeur de leur directeur — pour chercher de l'aide, pour obtenir cette décision de la « Main de Dieu ».

En conséquence, les managers devinrent intermédiaires et médiateurs, et tiraient de ces rôles un certain pouvoir. Le directeur était celui que les employés devaient implorer. Le directeur décrochait son téléphone pour passer l'appel de la plus haute importance à un poste fonctionnel encore plus élevé dans la hiérarchie. Le directeur négociait. Et il donnait la réponse finale, satisfaisante ou non.

En cela résidait le pouvoir, pas la valeur ; l'embouteillage, pas la circulation.

« Qu'ont fait les postes fonctionnels pour vous aider à créer plus de valeur dans la zone de création de valeur ? » Lorsque je posais cette question, je récoltais souvent le silence des employés. Le tableau était-il aussi noir qu'ils le représentaient ? Peut-être pas. Mais la perception que les employés avaient des postes fonctionnels était négative, et nous pouvons faire le même constat dans beaucoup d'autres organisations.

Y avait-il alors un moyen de renverser la responsabilité entre les postes fonctionnels et les employés de la zone de création de valeur ? Nous avons retourné l'idée dans tous les sens pendant un certain temps. Enfin, une de nos équipes eut une inspiration : le *Service intelligent en ligne* (SSD[20]).

---

20 - Smart Service Desk ou SSD en anglais. Expression dérivée du Customer Service Desk (CSD), ou bureau du service clients.

## Le concept du Service intelligent en ligne

Le Service intelligent en ligne était basé sur un système de gestion des problèmes déjà mis en place pour nos clients.

Ce système avait fait ses preuves et fonctionnait simplement. Chaque fois qu'un client avait un problème, nous créions un dossier électronique détaillant le problème et suivant sa progression vers une solution. Quand le problème était résolu, le directeur concerné dans le département responsable clôturait le dossier. Il s'agissait d'une procédure plutôt standard, utilisée dans de nombreuses entreprises qui traitent beaucoup avec les clients, comme les compagnies aériennes, les hôtels, et les sociétés de location de voitures.

L'idée était de créer un système similaire pour résoudre les problèmes internes entre les postes fonctionnels et les employés. À chaque fois qu'un ou une employé(e) avait un problème ou avait besoin d'une information, il ou elle pouvait ouvrir un dossier qui serait dirigé vers le département approprié afin d'être traité. Chaque dossier aurait une date limite de résolution. Le système serait transparent pour que tout le monde puisse voir les contenus des dossiers et les avancées du processus de traitement. Et l'employé qui avait ouvert le dossier serait celui qui déterminerait si la résolution était satisfaisante, ou si le problème avait bel et bien été résolu.

Je lançai l'idée auprès des membres des équipes de direction des postes fonctionnels. Certains adoptèrent l'idée instantanément. Bon nombre d'entre eux, cependant, faisait entendre de véhéments « oui, mais ».

« Nous ne sommes pas de simples intermédiaires, disaient-ils. Cette réduction est injuste. Nous travaillons plus dur que n'importe qui. Et nous sommes les moins appréciés. Ce système laissera croire à toute l'entreprise que nous sommes ceux qui ont besoin d'être surveillés. Que notre travail n'est pas indispensable. Que nous ne sommes pas assez bons. »

J'écoutai ces points de vue, puis demandai aux responsables de discuter de cette idée avec leurs équipes.

Quelques jours plus tard, les dirigeants commencèrent à revenir vers moi. Ils arboraient une curieuse expression dans leur regard, en disant, avec une certaine résignation : « D'accord. On a changé d'avis. Va pour le SSD. »

« Qu'est-ce qui vous a fait changer d'avis ? » demandai-je.

Ils commencèrent par quelques arguments prévisibles, suggérant qu'il fallait mettre en avant les employés, améliorer la confiance et instaurer plus de transparence. Mais en creusant un peu, on tombait sur une raison plus importante.

« Eh bien, avec le système des dossiers, nous serons en mesure de mesurer *notre* performance, de la partager avec les personnes, et de changer l'image qu'ils ont de nous, expliqua enfin un manager. Nous pourrons enfin prouver ce que nous affirmons depuis longtemps : que nous sommes ceux qui travaillent le plus dur et que le problème vient souvent de l'employé, pas l'inverse ! »

Je n'avais pas vu les choses sous cet angle. Je commençai à soupçonner que ce catalyseur aurait un effet bien plus important que ce que nous espérions.

Le « dossier », comment ça marche ?

L'approche SSD interne fonctionne de la même façon qu'un service clients. Un employé peut ouvrir un dossier sur une question d'une des trois catégories — un problème, une demande de renseignements, ou une requête de travail — et le dossier peut être envoyé à n'importe lequel des postes fonctionnels (les RH, la finance, l'administration, les R&D, les équipes de technologies de l'information et de systèmes d'information [IT/IS], le transport...) Les employés peuvent également ouvrir un dossier à destination de la plupart des membres de la direction générale, moi y compris.

Une fois que l'employé a rempli le dossier, le système l'affecte automatiquement à un supérieur hiérarchique responsable de sa résolution. Celui-ci analysera le problème et fera le nécessaire pour le résoudre. Il s'engage à respecter un certain nombre de critères, comme le délai autorisé pour résoudre le problème. Ces critères tiennent compte, entre autres, de la complexité et de l'urgence de la requête. Si le responsable ne résout pas le problème dans le temps imparti, le dossier est automatiquement envoyé à son supérieur, puis à l'échelon encore au-dessus, etc. Le processus SSD est entièrement transparent, de sorte qu'un employé peut à tout moment consulter l'état d'avancement de son dossier. Une fois le problème résolu, le responsable clôture le dossier. Si, cependant, l'employé(e) qui l'avait ouvert n'est pas satisfait par la réponse donnée, il ou elle peut refuser la clôture du dossier. Celui-ci restera ouvert tant que le problème ne sera pas résolu. L'employé peut aussi évaluer la qualité du service rendu par son supérieur.

Un autre aspect intéressant du SSD est que le directeur de l'employé en question connaît à tout moment la situation du dossier (sauf si le dossier concerne la relation de celui-ci avec cet employé). Donc le directeur ne peut plus prétendre ne pas avoir eu vent de ce problème. Au moment où un dossier est ouvert, le directeur reçoit un e-mail lui expliquant la situation.

Cela a pour conséquence un effet secondaire intéressant. J'ai vu des dirigeants aller consulter l'employé qui a ouvert un dossier pour demander si d'autres problèmes se cachaient derrière ceux soulevées par le dossier. Cela peut entraîner un approfondissement des problèmes en cours, des challenges, des frustrations et des solutions envisageables. Les dirigeants perspicaces se rendent compte que le dossier SSD, comme beaucoup d'initiatives EFCS, est un catalyseur — une façon d'amener le changement au-delà de l'objectif originairement exprimé.

## La réaction

Les informations circulant sur le SSD eurent l'effet escompté : une bouffée d'air frais à travers la pyramide de HCLT. Les gens eurent différentes réactions et questions :

- Les employés peuvent-ils ouvrir des dossiers sur les postes fonctionnels ? Sur les managers ?
- Les managers seront-ils évalués sur la façon dont ils traitent le dossier ?
- Les employés pourront-ils rouvrir un dossier s'ils ne sont pas satisfaits ?
- Les employés peuvent-ils ouvrir un dossier sur le P-DG ?

Pour aider à la mise en place du système, nous avons lancé des campagnes de communication interne qui soulignaient les avantages de ce nouveau mode de fonctionnement. Nous nous sommes assurés aussi que les leaders de l'entreprise exprimaient leur soutien au projet. J'ai moi-même envoyé des centaines d'e-mails à tous les niveaux de l'organisation pour affirmer les avantages du SSD et pour faire le lien avec les objectifs généraux de l'entreprise.

Nous avons encouragé chacun dans les postes fonctionnels à refuser poliment toute demande de résolution de problème ne passant *pas* par le système SSD.

Au début, les gens continuèrent à faire selon leurs vieilles habitudes. Lorsqu'ils avaient un problème, ils décrochaient le téléphone ou allaient jusqu'au bureau d'un manager pour en discuter avec lui. Néanmoins, après quelques semaines, alors que le SSD était mieux accepté et que les gens constataient qu'il fonctionnait, le nombre de dossiers grimpa en flèche.

Petit à petit, les gens constituèrent une moyenne de trente mille dossiers par mois (à une époque où l'entreprise comptait environ trente mille employés). Un succès phénoménal, semblait-il. Nous résolvions des milliers de questions chaque mois, à une vitesse folle, sachant que la majorité d'entre elles n'auraient pas été résolues autrement, ni mêmes relevées par quiconque. Pensez à tous ces problèmes qui n'avaient jamais été traités et dont on s'occupait maintenant. Les gens se ruaient sur le système. C'était la victoire de l'honnêteté, de la transparence et de l'ouverture !

Mais attendez un instant. Nous avons réfléchi plus soigneusement aux chiffres. Si nous avions une moyenne de trente mille dossiers par mois, sachant que la majorité d'entre eux concernaient des problèmes dont nous n'avions pas entendu parler avant, cela ne suggérait-il pas que nous avions *beaucoup* de problèmes chez HCLT ? Fallait-il se réjouir d'un tel désordre ?

Je me demandai si nous n'étions pas en train de livrer cette bataille de la mauvaise façon.

## Objectif zéro dossier

Le SSD était en place depuis quelques mois lorsque je pris part à une réunion avec une centaine d'employés de HCLT qui travaillaient alors sur un projet client au Royaume-Uni.

Je lançai quelques remarques informelles sur le système des dossiers et expliquai comment cela contribuait au renversement de la responsabilité, puis je laissai la place aux questions et aux commentaires.

Une jeune femme, que je nommerai Irene, prit la parole. « Vineet, j'ai une question, dit-elle. Quand quelque chose ne va pas sur un site client, qu'est-ce que le client veut savoir sur ce problème ? »

Je pensais connaître la réponse qu'elle attendait, mais je décidai de la laisser nous donner la réponse elle-même.

« S'il vous plaît, Irene, dites-nous, répondis-je, que veut savoir le client ?

- Deux choses, commença-t-elle. D'abord, il veut savoir avec quelle rapidité nous avons traité cette question. La deuxième chose qu'il veut connaître, c'est l'origine du problème. Qu'est-ce qui s'est passé ?

- Oui, c'est bien de traiter le problème rapidement, mais…

- Mais que le problème ne se reproduise jamais est encore mieux, coupa-t-elle. Il en va de même pour notre système interne. Réfléchissez-y une seconde. Chaque fois qu'un employé ouvre un dossier de plainte, cela sous-entend qu'il ou elle est mécontent(e), qu'il y a un problème. La question est la suivante : pourquoi l'employé a-t-il, tout simplement, un problème ? Pourquoi cette entreprise ne pourrait-elle pas *ne pas* avoir de problèmes ? » Ce commentaire me paraissait très important.

« Wouah, dis-je à Irene. Donc, ce que vous êtes en train de dire, c'est que les postes fonctionnels devraient tendre vers le "zéro dossier" ?

- Oui, bien sûr, c'est ce que je suis en train de dire, répondit-elle d'un ton un peu exaspéré. Dans l'état actuel des choses, les postes fonctionnels sont évalués sur la rapidité avec laquelle ils répondent à un dossier de plainte et sur la façon dont ils le résolvent. Mais qu'ils aient résolu le problème pour de bon ou non, cela n'entre pas en ligne de compte. Le système ne les encourage pas à être proactifs. Seulement à être réactifs. »

Je gardai le silence un moment. Nous avions développé le système SSD pour une bonne raison : pour changer les responsabilités au sein de la hiérarchie et pour commencer à renverser la pyramide. Mais là, le système présentait un avantage encore plus grand : un moyen d'identifier des problèmes de longue date afin de les résoudre pour de bon. Cela ferait vraiment monter d'un échelon la responsabilité inversée.

Après cette réunion, nous avons commencé à réfléchir à rendre proactifs les postes fonctionnels. En plus de la résolution rapide des dossiers, pouvions-nous avoir un objectif « jour avec zéro dossier » et « dossier zéro problème » ?

Dans les semaines qui avaient suivi la mise en place du SSD, nous avions déjà rassemblé beaucoup d'informations. En les analysant attentivement, nous avons commencé à repérer des problèmes récurrents. Nous pouvions voir ceux qui étaient les plus courants, quel secteur de l'entreprise produisait quel genre de dossiers, et quels postes fonctionnels rencontraient des problèmes chroniques et des difficultés.

Puis nous avons recherché une façon de traiter ces problématiques. Nous en avons trouvé trois causes importantes : une procédure insatisfaisante, une communication peu claire ou inadéquate, et une mauvaise réalisation ou mise en place des processus. Nous avons donc demandé aux postes fonctionnels de commencer à analyser les problèmes les plus fréquents, de déterminer leurs causes profondes, et de trouver un moyen de les résoudre. Réécrire la procédure. Améliorer la communication. Ou changer un processus pour en améliorer la mise en place.

L'objectif de chacun était d'atteindre une semaine à zéro dossier.

Alors qu'on approchait du but, les employés ont commencé à remarquer que les problèmes contre lesquels ils s'étaient battus pendant des années et qui leur avaient pris tant de temps et d'énergie étaient en train de disparaître. Après un certain temps, nous nous sommes mis à traquer les indicateurs qui provoquaient l'augmentation du nombre de dossiers. Après quelques années, le processus et le système sont devenus très efficaces et très sophistiqués.

SSD eut aussi un impact sur l'attitude des employés envers l'entreprise en général. Quelques années après l'installation du SSD, nous étions classés à la première place des études de satisfaction du personnel, et je suis même tombé sur une analyse intéressante sur la façon dont le SSD nous avait aidés à atteindre ce très bon score. Dans le passé chez HCLT, comme dans la plupart des entreprises, la réponse d'un supérieur à la requête d'un employé n'était pas la même selon qui était l'employé(e) et quel était son rang. Cette différence de traitement frustrait les employés de première ligne, qui pensaient travailler aussi dur que leurs supérieurs, mais qui ne bénéficiaient pas nécessairement du même respect qu'eux, et qui pouvaient également recevoir des réponses plus ou moins utiles de la part des postes fonctionnels. L'initiative SSD s'ajusta au fur et à mesure sur le terrain. Le positionnement de l'employé sur l'échelle hiérarchique n'avait pas d'importance, son problème devait être entendu. Cela réduisait la frustration et changeait fondamentalement la perception que les employés avaient de l'entreprise, ce qui augmenta de façon significative leur satisfaction au travail — probablement une des raisons de notre présence en tête du classement dans l'étude.

## Bouleverser la zone de contrôle : le système d'évaluation à 360 degrés

Le SSD fit souffler l'agréable vent du changement à tous les niveaux de la pyramide, mais était loin de la renverser. C'était bien. Comme je l'ai dit, nous ne souhaitions pas causer un bouleversement complet et immédiat. Mais il était clair que la pyramide avait besoin d'être secouée un peu plus vigoureusement.

Pour prolonger nos efforts dans l'inversion de la responsabilité, il nous fallait lancer notre filet plus loin, pour inclure les directeurs des postes fonctionnels aussi bien que les cadres les plus élevés dans la hiérarchie, et même, en fait, jusqu'au sommet, le bureau du P-DG, moi y compris. Pour ce faire, il nous fallait traiter le problème du *contrôle.*

Comment pouvions-nous faire évoluer le contrôle ? Cela ne vient pas seulement d'une position dans la hiérarchie, d'un titre, ou de la description du poste. Certains directeurs seniors obtiennent le contrôle par la peur, plus que par le respect. Ils se retrouvent avec le pouvoir de dire : « Cet employé est bon, celui-là est mauvais. Celui-ci aura sa promotion, pas celui-là. Celui-ci aura son bonus, celui-là n'aura rien. Cet employé, on le garde, celui-là ne reste pas. »

Comment pourrions-nous changer cette attitude ? Ce qu'il nous fallait, c'était un autre catalyseur — une goutte dans l'océan bleu — pour créer un nouvel état d'esprit.

Nous l'avons trouvé dans notre système d'évaluation des performances. À l'époque, le système était aussi traditionnel que notre structure pyramidale. Même si nous utilisions une évaluation à 360 degrés, chaque manager était évalué par un nombre de personnes relativement réduit — ceux qui se trouvaient dans la zone de contrôle du directeur, y compris son ou sa supérieur(e), ses collègues directs et ceux qui lui reportaient directement.

Autrement dit, l'évaluation était dirigée par les membres d'un genre de cercle très fermé. Comme il fallait qu'ils s'évaluent tous les uns les autres, ils se renvoyaient l'ascenseur, se donnaient de bonnes notes, disaient des choses gentilles et ignoraient les problèmes, et tout ceci aurait pu continuer de la même façon pendant des décennies. La plupart d'entre eux se trompaient en pensant qu'ils faisaient, eux et tous leurs collègues, du bon boulot. Même s'ils recevaient effectivement des encouragements, il y avait de fortes chances que ceux-ci soient ignorés et n'entraînent aucune action.

De plus, les indicateurs de performance tournaient uniquement autour des activités au sein du champ d'action immédiat du directeur. Rien dans cette évaluation à 360 degrés ne concernait la contribution à la zone de création de valeur. Ainsi, si un directeur était interrogé sur la valeur, il pouvait facilement répondre : « Voyons, je suis tout là-haut dans la chaîne de commandement, et la zone de création de valeur est très éloignée. Je ne peux pas avoir d'influence là-dessus. Il n'y a rien que je puisse faire. »

Peut-être qu'un changement dans notre façon de réaliser l'évaluation à 360 degrés aurait pu amener les résultats souhaités. Nous avons demandé à certains de nos esprits éclairés d'y réfléchir. En quelques jours, ils trouvèrent trois modifications importantes à apporter au système : l'ouverture, l'extension à un groupe plus large et à des personnes situées au-delà de la zone de contrôle de la personne évaluée, et l'utilisation de cette évaluation en tant qu'instrument de développement plutôt que d'évaluation. Cela ferait-il une différence ?

### Ouvrir le « 360 degrés »

Commençons par les problèmes associés au système d'évaluation à 360 degrés traditionnel, tel qu'il est pratiqué dans beaucoup d'organisations. Dans la plupart des entreprises, le manager qui doit être évalué choisit ses évaluateurs, ce qui signifie qu'il a tendance à sélectionner des gens qui auront un parti pris en faveur de ses performances. Malgré tout, la participation à l'évaluation à 360 degrés est généralement faible, parce que les subordonnés ne voient pas quel avantage retirer de l'évaluation de leurs patrons. Et comme les résultats de la plupart des évaluations sont confidentiels, ceux qui participent à l'évaluation ne savent pas si leur feedback est semblable à celui des autres ou si on a tenu compte de leurs suggestions. Et enfin, le supérieur hiérarchique méprise souvent le 360 degrés dans son ensemble, du fait de ses propres perceptions et préoccupations.

Pourquoi ne pas l'élargir un peu plus ? Nous avons décidé de permettre à toute personne ayant fait des remarques sur un manager de voir les résultats du 360 degrés de ce manager. Cela n'était pas le cas auparavant. La logique était qu'en donnant l'autorisation à tous les participants de voir l'évaluation du manager, ils se sentiraient investis d'un pouvoir et tendraient plus à y participer. Pour assurer la confidentialité, l'anonymat et la pertinence du processus, nous avons décidé de mettre en place un troisième groupe pour auditer et certifier l'évaluation. Seul un groupe extérieur gardant un œil sur le processus d'évaluation mettrait suffisamment les gens en confiance pour qu'ils donnent un feedback honnête et franc. Nous pensions qu'en conséquence, les managers se réjouiraient des résultats positifs avec leurs équipes, et que l'ambiance ainsi créée faciliterait leur implication, notamment dans plus de formation et dans leur développement. Enfin, le supérieur hiérarchique perdrait alors du pouvoir dans le processus, car il ne serait juste qu'une voix parmi d'autres. L'évaluation de l'équipe située dans la zone de création de valeur serait déterminante sur les résultats de celle-ci, ce qui constituerait un pas de plus vers le renversement de la pyramide.

Je savais qu'il s'agissait d'une question très délicate, et j'ai commencé par demander à mon équipe de direction de réagir sur le sujet. Ils virent rapidement où cela pouvait nous mener et les avantages que l'on pourrait en tirer. Quelques « oui, mais » nous ont aidés à imaginer toutes les possibilités et à comprendre aussi que tout cela pouvait mal tourner. Les préoccupations étaient, entre autres, les suivantes :

- Cela a-t-il quelque chose à voir avec la popularité ?
- Puis-je travailler avec l'équipe si j'obtiens un score peu élevé ?
- Comment garder mon équipe sous contrôle après cela ?
- Que se passe-t-il si mon score est bas parce que je prends des décisions difficiles ?
- Et si je ne veux pas partager mes résultats ?
- Cela influencera-t-il mon appréciation générale et mon bonus ?

Toutes ces questions étaient valables et il nous fallait leur répondre. Je savais qu'il serait impossible de forcer les managers à rendre leurs évaluations publiques. Cela reviendrait à pousser l'innovation beaucoup trop loin. Je ne pouvais que les encourager à le faire. Et la meilleure façon de les encourager était que je me prête au jeu, moi-même. Alors j'ai rendu public mon 360 degrés et après moi, d'autres managers seniors suivirent mon exemple.

À bien y réfléchir, comment pouvait-il en être autrement ? Si le feedback était positif, tout se passerait bien. Ils ne se sentiraient pas mal à l'aise. Cela les motiverait.

Ils chercheraient à obtenir un score encore meilleur la prochaine fois. De plus, ils seraient en mesure de voir les résultats de leurs collègues et de leurs supérieurs. Cela réveillerait un esprit de compétition qui apporterait encore des améliorations.

Cependant, si le feedback était négatif, le directeur serait enfin forcé de voir la réalité en face et de reconnaître ses performances insuffisantes, mais aussi de comprendre l'image que les autres avaient de lui. Cela constituerait un genre d'exercice du Miroir personnel, et ils avaient tous pu constater l'utilité et le pouvoir de cet exercice. D'autre part, les directeurs savaient aussi que, dans une culture de confiance et d'adhésion au changement, un feedback négatif serait considéré différemment qu'il ne l'aurait été un an plus tôt — c'est-à-dire comme une opportunité d'amélioration plutôt que comme un signe d'échec.

Par ailleurs, si un directeur choisissait de *ne pas* rendre publique son évaluation, les gens s'en rendraient compte et supposeraient nécessairement que la personne a quelque chose à cacher. Etant donné la propension des gens à imaginer le pire, le fait de ne pas publier ses résultats — même s'ils sont bons — serait bien pire pour un manager que de dévoiler une évaluation négative.

Petit à petit, les « oui, mais » ont diminué, et de plus en plus de gens se sont mis à rendre publique leur évaluation à 360 degrés. Si nous n'avions pas discuté du processus avec l'équipe de direction avant toute action, l'initiative aurait très probablement essuyé un échec. La clé du succès des 360 degrés fut la volonté des directeurs d'utiliser le feedback pour insuffler du changement à leur style de management.

## *Happy Feet* : l'élargissement à un groupe plus important

Alors que le 360 degrés commençait à être accepté, il fallut admettre que le processus n'était pas aussi ouvert qu'il semblait, ou qu'il pouvait le devenir. Nous continuions à suivre encore, en grande partie, le processus traditionnel d'évaluation en définissant qui était en mesure d'évaluer qui. Cela signifiait que la plupart des évaluateurs opéraient dans la même zone que la personne évaluée. Cela renforçait les frontières entre les différentes parties de la pyramide. Mais nous nous attelions à changer tout ça. Nous voulions encourager ceux qui opéraient au-delà de ces frontières. Comment pouvions-nous reconnaître et encourager leur conduite ?

Nous avons décidé d'ajouter un nouvel élément au 360 degrés, que nous avons appelé *Happy Feet*[21].

Nous avons donc ouvert le système d'évaluation des performances à tous nos employés potentiellement sous l'influence d'un manager. Ce chiffre s'élevait à envi-

---

21 - NDT : en anglais, quelqu'un qui a des « *happy feet* » (les pieds joyeux) est quelqu'un qui ne manque jamais une occasion de danser et qui a la danse communicative. L'expression est plutôt humoristique, l'auteur souhaite donc insister sur le fait qu'ils sont en train de changer un processus rébarbatif en quelque chose de moins sclérosé, de plus informel, qui devrait *donner envie* aux gens d'y participer.

ron 1 500 personnes en 2005, contre 3 500 en 2009. Chaque employé pouvait choisir d'effectuer une évaluation à 360 degrés pour n'importe quel manager ayant une influence — positive ou négative — sur son travail. L'ancienneté de l'employé chez HCLT ne rentrait pas en ligne de compte — un mois, une décennie — pas plus que le rapport hiérarchique avec le manager en question.

Comme vous pouvez l'imaginer, l'idée d'un 360 degrés bien plus étendu souleva de nombreux « oui, mais » de la part des managers. Et encore une fois, les objections étaient recevables et utiles.

« Je ne pense pas que ce genre d'évaluation à 360 degrés produise des résultats fiables, me dit un manager. Vous demandez à des gens que je ne connais pas et que je n'ai jamais rencontrés d'évaluer mes performances. Comment est-ce possible ? Quelle est la logique dans tout cela ? »

« Avez-vous lu un livre intitulé *La Sagesse des foules*[22] ? demandai-je. Comme il répondit par la négative, je lui parlai du livre. L'auteur, James Surowiecki du *New Yorker,* y explique que la sagesse réside dans les groupes de gens, dans la foule, bien plus que dans un individu pris à part. Le plus grand nombre en sait plus que la minorité. La sagesse collective éclipse le jugement individuel.

---

22 - James Surowiecki, Joël de Rosnay, Elen Riot, *La Sagesse des foules*, J. C. Lattès, 2008.

« Peut-être, répondit le manager. Mais des observations aberrantes ne pourraient-elles pas fausser les résultats ? Et si un évaluateur donne des notes exceptionnellement mauvaises ? Ou imaginez que des employés se liguent entre eux et tentent délibérément d'influencer l'évaluation ? Et si un employé décide au hasard d'émettre des commentaires sur un manager avec lequel il n'a aucun rapport ? J'ai encore toutes sortes d'exemples pour trafiquer ce système. »

« Tout cela est effectivement possible, rétorquai-je. C'est une question de confiance. Ces derniers mois, nous avons tous travaillé très dur à la création d'une culture de confiance au sein de HCLT. C'est une autre façon de montrer que nous avons confiance les uns et les autres. Je crois fermement que la plupart des employés ne tricheront pas. Gardez à l'esprit qu'ils sont eux aussi évalués tous les ans par leur manager, et qu'eux aussi veulent l'assurance qu'il les évaluera de façon équitable. Alors, s'ils peuvent nous faire confiance, ne pouvons-nous pas leur rendre la pareille ? Oui, c'est certain qu'il y aura quelques employés qui évalueront leur manager de manière excessive — lui donnant des notes largement inférieures ou supérieures à ce qu'il vaut vraiment — mais ces employés-là ne seront pas nombreux. Et c'est ça, la grandeur de la foule. Comme il y aura beaucoup de participants, les scores donnés par les extrémistes ne fausseront pas les évaluations du groupe de manière significative. »

J'entends une autre objection au 360 degrés étendu, de la part de nombreux managers.

« Ne vois-tu pas que les managers populaires obtiendront le meilleur classement ? Les managers plus disciplinés, ou moins extravertis, ou plus discrets — même s'ils sont plus efficaces — obtiendront des notes plus basses. Ça n'est pas juste. »

« Peu probable, répondis-je. Les questions de l'évaluation ne seront pas : "Quel est votre manager préféré ?", ou : "Avec quel manager aimeriez-vous travailler ?" Vous ne ramenez pas le manager à la maison pour l'épouser, après tout. La réponse au problème que vous soulevez réside dans le style des questions. Si vous souhaitez optimiser la zone de création de valeur, alors les questions doivent être en rapport avec cet effort. »

C'est ainsi que nous avons créé une évaluation comportant des questions comme :

- Ce manager vous aide-t-il à accroître la valeur que vous apportez au client ?

- Quand vous vous trouvez face à un problème, ce manager vous aide-t-il à l'analyser et à en identifier les solutions ?

- Quand vous prenez contact avec ce manager au sujet d'un problème, est-ce qu'il réagit, est-ce qu'il offre des solutions ou présente des pistes pour le résoudre ?

- Si vous ne pouvez pas parvenir vous-même à la solution, le manager vous met-il en contact avec d'autres personnes de l'organisation pour vous aider à trouver les solutions ?

Encore une fois, la pratique en elle-même fit taire les objections. Comme il n'y avait pas de sélection des personnes pouvant évaluer tel ou tel manager, la hiérarchie traditionnelle s'est affaiblie. Les personnes qui travaillaient au-delà des frontières de la pyramide étaient reconnues, encouragées, et récompensées. La reconnaissance publique de la valeur apportée par ces personnes servit d'exemple pour le reste de l'organisation et les encouragea.

## Remplacer les zones de contrôle par les sphères d'influence

L'évaluation à 360 degrés étendue grâce à *Happy Feet* eut d'autres effets remarquables sur l'organisation. On commença à redéfinir de manière significative les zones importantes au sein de l'entreprise — en mettant l'accent sur les sphères d'influence basées sur les résultats, plutôt que sur les zones de contrôle traditionnelles basées sur la structure.

Comment cela s'est-il passé ? Imaginons que vous êtes vice-président des opérations et que quelques centaines de personnes vous rendent des comptes, mais que seulement un faible pourcentage d'entre eux vous évalue. Cela montre que votre sphère d'influence ne correspond pas à votre zone de contrôle.

Pourquoi ? Est-ce parce que la foule ne vous connaît pas ? Qu'ils ne savent pas ce que vous représentez ? Que vous ne les appuyez pas dans leur démarche de création de valeur ? Ou que simplement, ils n'en ont que faire ?

Quelle que soit la raison, le faible taux de réponse montre que vous avez une sphère d'influence réduite, en comparaison avec votre zone de contrôle. Plus que tout autre aspect de l'évaluation, cette découverte galvanisa l'organisation. Les gens comprirent que la zone de contrôle était devenue largement hors sujet. C'est la sphère d'influence qui comptait vraiment.

Cette découverte secoua vraiment les fondations de la pyramide. Les gens commencèrent à échanger avec des personnes qui n'avaient jamais fait partie de leur club très fermé — à la fois à l'intérieur et à l'extérieur de leur zone de contrôle. Ils voulaient étendre leur influence, apporter une contribution positive, et pousser le changement encore plus loin.

## L'évaluation comme outil de développement

La dernière modification apportée au 360 degrés fut de le redéfinir comme un outil de développement plutôt que d'évaluation. Cela deviendrait pour le manager une façon d'obtenir des feedbacks utiles sur ses performances — feedbacks que nous pourrions utiliser pour aider cette personne à changer.

Notez qu'en tant qu'organisation, nous avons décidé de déconnecter le 360 degrés du département des ressources humaines. Bien que les RH continuèrent de diriger l'appréciation des performances et de gérer les primes des managers, les résultats du 360 degrés n'étaient pas pris en considération lors de ces évaluations. L'opération était dirigée désormais par une nouvelle entité appelée l'équipe de transformation des talents et de développement intrapreneurial[23]. Le 360 degrés servait de point de départ à la discussion avec les managers sur leurs propres objectifs de développement professionnel. Les managers n'étaient pas obligés de s'engager dans ce processus, ils gardaient toujours la liberté de choix.

En 2009, nous avons continué d'affiner le côté développement du 360 degrés, et l'avons appelé (par opposition à *feedback*), le *Feedforward*[24], pour aller plus loin. L'évaluateur peut identifier trois compétences cruciales chez la personne évaluée, les classer en « forces » ou en « zone de développement », et suggérer des étapes simples et spécifiques que la personne pourrait suivre pour s'améliorer. Ceci est optionnel, et les résultats sont strictement confidentiels. Le manager est le seul à accéder aux résultats ; les noms des évaluateurs ne sont pas révélés.

Penser le feedback comme une méthode de développement plutôt que comme un jugement ou une évaluation

---
23 - L'intrapreneuriat est un ensemble de démarches visant à développer l'entrepreneuriat au sein d'une structure déjà établie.
24 - NDT : expression de cybernétique signifiant « action directe ».

à proprement parler est une idée qui s'est révélée fondamentale dans notre capacité à passer d'un environnement « commandement et contrôle » à un environnement de confiance, d'équilibre, et à mettre l'accent sur les compétences et les actions qui pouvaient aider les employés de la zone de création de valeur.

Ces changements apportés à notre évaluation à 360 degrés ont convaincu beaucoup de sceptiques de l'EFCS au sein de l'organisation ; ils commencèrent à comprendre ce en quoi nous croyions vraiment. Les employés étaient contents qu'on entende leur voix et qu'on reconnaisse l'importance de leur feedback. Les managers les plus jeunes, en particulier, appréciaient ces feedbacks honnêtes, parce qu'ils les aidaient à améliorer leurs performances et à développer leurs compétences plus rapidement. Mon équipe de direction senior réalisait à quel point ce système de 360 degrés étendu libérait de l'énergie positive à travers toute l'organisation, surtout dans la zone de création de valeur.

Même les managers qui recevaient systématiquement de mauvais feedbacks tiraient des avantages du système. Ils se rendirent compte que leurs compétences ne résidaient pas simplement dans le management et qu'ils s'épanouiraient davantage en contribuant à titre individuel à la création de valeur. Les managers qui recevaient chaque fois de bons feedbacks eurent la possibilité d'étendre leur sphère d'influence bien au-delà de leur zone de contrôle,

149

parce qu'à tous les niveaux de l'organisation, tout le monde savait qu'ils avaient une bonne réputation.

## Continuer le dialogue

Il est très important de comprendre que tout au long du processus de transformation de HCLT, et surtout durant les premières années, nous étions constamment en train de communiquer, par tous les biais, avec les employés de l'organisation. La diffusion d'une initiative était souvent aussi importante que l'initiative elle-même. Mon équipe de direction était très impliquée dans nos efforts de communication et de marketing, et nous avons passé beaucoup de temps à débattre sur la manière de communiquer et le moment propice à chaque annonce, et à décider quels devraient être les messages importants.

Je me souviens d'une discussion sur une présentation majeure, au sujet d'EFCS, que nous avions prévue de dévoiler à tous les employés de HCLT — pas seulement aux managers et aux employés de la zone de création de valeur, mais à tout le monde. La direction de la communication, qui comptait dans ses rangs beaucoup de nos meilleurs éléments, voulait que je parle à tout le monde du concept EFCS, de la façon dont nous l'implantions par le biais d'outils comme U&I et SSD, de notre projet de restructuration de l'organisation, et de notre plan de transformation de l'entreprise sur cinq ans.

« OK, répondis-je. Mais pourquoi devrions-nous faire cela ? Qu'est ce que cela apporte de positif à l'employé ? »

Les membres de l'équipe me répondirent quelques généralités sur le partage des ambitions grandioses de l'entreprise à long terme. Je leur posai encore la question. « Oui, mais qu'est-ce que veulent entendre les employés ? Qu'est-ce qui les intéresse vraiment ? »

Ils formulèrent d'autres réponses sur l'évolution du paysage IT et sur l'aide que nous devions apporter à l'entreprise dans son effort de transformation. Je posai la question encore quatre ou cinq fois, et, à la fin, l'équipe se trouva à court de réponses.

Je repris : « Gardez simplement à l'esprit que quand on s'adresse à l'ensemble des employés au sujet de changements organisationnels, les messages doivent les concerner, et ces messages peuvent être différents de ceux qui sont pertinents aux yeux des managers ou des clients. Nos employés ne se sentent pas très concernés par les *"quoi"* de notre paysage IT ou par les initiatives et transformations *corporate*. Ce qui les intéresse, c'est ce qui les concerne directement — eux-mêmes, leur carrière et leur famille. Notre communication devrait donc mettre davantage l'accent sur ce qui *leur* semble important plutôt que de mettre en place une sorte de grand forum pour leur vendre nos initiatives. »

Mes collègues me dévisagèrent, comme si je jetais aux ordures leur idée d'une grande réunion à l'échelle de l'entreprise, alors qu'en toute sincérité, ce n'était pas le cas.

« Laissez-moi vous raconter une histoire, leur dis-je, sur la présomption de savoir ce que veulent les gens. »

## L'histoire d'une supposition erronée

Je leur ai parlé de ma première école, fondée par des nonnes, à Pantnagar, mon village natal. Les enseignants de cette école croyaient en les services sociaux. Une de nos activités consistait à aller frapper aux portes pour glaner des vieux vêtements que nous distribuions ensuite aux gens qui vivaient dans les bidonvilles, assez proches de l'école.

Mes jeunes collègues semblaient considérer mon histoire comme une distraction par rapport au débat général, mais je continuai sur ma lancée.

« Quand j'avais environ douze ans, repris-je, je me rendis un jour dans le bidonville avec un ballot de vêtements. Beaucoup d'enfants venaient récupérer ce que nous avions à leur offrir, mais un garçon resta assis seul à l'écart des autres. Les vêtements ne l'intéressaient pas, en revanche, son regard était fixé sur mon cartable. »

« Qu'y avait-il dedans ? » demanda Arun, un de mes collègues (ce n'est pas son vrai nom). J'ignorai sa question.

« Le garçon était vêtu de haillons, et il faisait froid, alors je lui ai demandé s'il voulait un sweat-shirt. Il répondit par la négative, les yeux toujours rivés sur mon sac. »

« Est-ce qu'il pensait qu'il y avait à manger dedans ? » demanda Arun.

« Non », répondis-je. L'enfant finit par me demander : « Qu'est-ce que tu as dans ton cartable ? » Je l'ouvris pour lui montrer : j'avais des livres. « Qu'est-ce que tu fais avec ces livres ? » demanda le garçon. Je répondis que nous les lisions. Il dit alors : « Tu veux bien m'en lire un, s'il te plaît ? »

Ce que j'essayais de démontrer à travers cette histoire, c'était que mes suppositions sur ce qui importait à ce garçon du bidonville étaient toutes erronées. Je ne voulais pas que nous commettions le même impair avec les employés de HCLT. J'avais vu cela arriver souvent. Nous sommes parfois tellement obsédés par ce que nous voulons apporter à nos employés ou à nos clients, que nous croyons que c'est exactement ce qu'ils veulent ou ce dont ils ont besoin.

Je crois que mon histoire a porté ses fruits. La conversation s'orienta sur ce que nous pourrions faire pour organiser la réunion générale, afin de mettre l'accent sur ce que la stratégie des « employés d'abord » et le plan de transformation apporteraient à nos employés. Cela les ferait-il travailler plus vite ? Leur travail serait-il d'une qualité supérieure ? Est-ce qu'ils apprendraient de nouvelles choses ? Leur travail serait-il plus aisé et moins rébarbatif ?

L'équipe trouva rapidement un nom à la réunion — « Perspectives » — et un format incluant une série de conversations informelles autour des sujets les plus importants d'après les employés. Pas question de leur donner des vêtements si ce sont des livres qu'ils voulaient vraiment.

### Les réunions « Perspectives »

Nous avons tenu notre première réunion Perspectives à la fin de l'été 2006.

Nous ne voulions pas que ces réunions rappellent la vieille époque de la pyramide traditionnelle, quand les managers seniors montaient sur l'estrade, et prononçaient leur discours avant de se retirer. Je voulais que la communication ait un réel impact et marque les esprits pour un certain temps.

Pendant la préparation de mes contributions pour cette réunion, je me suis rappelé d'un cours du temps de mon MBA à XLRI — qui concernait aussi la communication. Mon tout premier cours, donné par le père McGrath, traitait des techniques de base du business. Il parlait des présentations, et je dois admettre que j'avais du mal à me concentrer sur le sujet. Je venais d'arriver à l'école, après un voyage de quarante heures de train. Il faisait très chaud dans la salle de cours. Nous nous trouvions au premier étage, et par la fenêtre je regardais l'air saturé de poussière. Nous étions trente-cinq ou quarante élèves dans la classe.

Soudain, la porte s'ouvrit violemment dans un bruit tonitruant, et des cris s'élevèrent dans la pièce. Je me retournai et vis dix ou quinze hommes courir et se ruer dans la salle, des rubans dans les cheveux, des peintures de guerre sur le visage, portant des lances et brandissant des couteaux. Des Adivasis, me semblait-il, une tribu indienne. Ils criaient et retournaient toute la pièce, poussaient les étudiants, jetaient des objets : un remue-ménage sans nom. L'un d'entre eux attrapa l'étudiante la plus proche de la porte, la traîna jusqu'à la fenêtre, et la jeta du premier étage. Un autre se précipita vers le bureau du professeur, leva son couteau et poignarda le père McGrath. Du sang giclait de son ventre alors qu'il s'effondrait sur le sol en gémissant. Nous ne savions pas comment réagir. Puis, après deux minutes de pagaille totale, les Adivasis ont disparu aussi vite qu'ils étaient arrivés.

Tout le monde dans la pièce était abasourdi. Personne ne bougea. Certains d'entre nous étaient assis, d'autres debout, et d'autres encore semblaient vouloir se jeter par la fenêtre. Puis le père McGrath cessa de gémir, se releva, épousseta ses vêtements et sourit.

« Asseyez-vous, dit-il calmement. Ne vous inquiétez pas, j'ai tout mis en scène moi-même. Maintenant, je veux que vous écriviez ce que vous avez vu pendant ces quelques dernières minutes. Immédiatement ! Allez-y, maintenant. Tous les détails dont vous pouvez vous souvenir. »

Encore sous le choc, nous avons commencé à écrire. Après environ dix minutes, le père McGrath nous ordonna d'arrêter.

Les résultats de ce test furent des plus intéressants. Tout le monde avait un souvenir différent de l'événement. On avait poignardé le père McGrath au ventre. On avait poignardé le père McGrath dans le dos. On avait tranché la gorge du père McGrath. Personne n'avait touché au père McGrath. On avait jeté une fille par la fenêtre. Une fille avait sauté par la fenêtre. Selon les gens, les versions différaient.

J'ai appris bien d'autres leçons, lors de ce premier cours à l'école de commerce. La première étant qu'il ne faut jamais se fier à 100 % à ce que l'on voit. Il faut toujours regarder au-delà de l'évidence pour comprendre ce qui se passe. Bien plus pertinent encore que la réunion Directions, le père McGrath avait démontré qu'à moins d'être très expérimenté dans la manière de communiquer, il est difficile de faire impression, et que votre discours produise un impact durable.

J'ouvris donc la réunion Perspectives avec ma propre version de l'invasion des Adivasis : je montai sur scène, regardai les trois ou quatre mille personnes de l'assemblée, et commençai à danser. Je ne suis pas danseur étoile. On ouvrit de grands yeux et l'on rit dans l'assemblée. Je me ridiculisai complètement. Je fis quelques commentaires humoristiques. Puis débutèrent deux heures d'échanges très sérieux. L'événement avait été finalement aussi mémorable pour l'assemblée HCLT que l'attaque des Adivasis l'avait été pour moi.

Les réunions Perspectives ont fait progresser encore un peu plus l'inversion de la responsabilité et la culture de la confiance. Nous étions là, tous les membres de l'équipe de direction senior, debout devant l'entreprise entière, traitant toutes les questions, ouverts à tous les commentaires. Nous construisions ainsi la confiance tous ensemble rien qu'en nous rendant ouverts, rien qu'en étant aussi transparents que possible dans nos échanges.

Nous avons tenu plus de vingt-cinq réunions Perspectives durant les mois d'août et septembre 2006. Nous en tenons encore chaque année, et tous les attendent avec impatience. Les gens s'attendent à un événement unique et peu conventionnel. Et ils savent que je serai là pour écouter attentivement et discuter honnêtement de *leurs* besoins, pas des miens. Et il m'arrive parfois encore de danser.

## La pyramide commence à s'inverser

Alors que le SSD, les 360 degrés étendus, et les événements Perspectives étaient de plus en plus installés et considérés comme des pratiques standard au sein de l'organisation, mes craintes d'un éventuel retour en arrière n'avaient pas disparu. Il semblait que la structure fondamentale de HCLT était en train de changer, que la pyramide — grâce à la responsabilité inversée et aux évaluations à 360 degrés étendues — commençait à se renverser, au moins un petit peu. À un moment ou à un autre, peut-être verrions-nous réellement la zone de création de valeur s'élever et les anciens pharaons rester dans l'ombre de ces hommes.

Encore une fois, les outils spécifiques que nous avions utilisés pour mettre en branle l'inversion — de même que les autres initiatives EFCS décrites plus haut — n'étaient rien d'autre que des catalyseurs. Avaient-ils vraiment autant d'effet sur l'organisation qu'il nous le semblait ? Probablement pas. Le message qu'ils envoyaient, et les effets secondaires qu'ils entraînaient, avaient bien plus d'importance.

Oui, le SSD traite de nombreuses questions et résout beaucoup de problèmes. Mais le message en filigrane envoyé par cet outil est bien plus significatif : *les nouvelles responsabilités ne sont pas déterminées par la position dans la hiérarchie traditionnelle.*

L'évaluation à 360 degrés aide les gens à améliorer leurs performances et développe la confiance et la transparence. Le message qu'elle envoie est pourtant encore plus puissant : *la valeur d'un manager se mesure à sa sphère d'influence, pas à sa zone de contrôle hiérarchique. P-DG y compris.*

Ces catalyseurs — associés à la publication des informations financières et à la plateforme U&I — ont modifié jour après jour les échanges chez HCLT. On communiquait sur tout ce qu'il était nécessaire de partager pour aider les employés dans leur travail et pour savoir comment le faire.

Leurs craintes quant aux changements commençaient à se dissiper, de même que s'évanouissaient mes craintes quant à leurs réticences au changement. Les gens ne me regardaient plus avec inquiétude et appréhension. Ils savaient que la « foule » HCLT — et non pas moi seulement — les évaluerait.

Par conséquent, les gens étaient plus détendus. Ils tentaient plus de choses. L'échec devenait tolérable. Les actions et les résultats n'étaient plus de ma seule responsabilité. Je la partageais avec beaucoup de gens. Lorsque je disais que moi, en tant que P-DG, je devais rendre des comptes, je savais que nous rendrions ces comptes tous ensemble. Et l'entreprise le savait elle aussi.

Nous avons aussi commencé à voir que le monde extérieur nous regardait et s'intéressait à ce que nous faisions. En décembre 2006, je fus invité par le P-DG d'un de nos clients, une entreprise du Fortune 100, pour intervenir lors de sa conférence de direction annuelle. Je n'avais jamais rencontré ce P-DG avant d'arriver à la réunion. Quand ce fut à mon tour de prendre la parole, il me présenta en disant qu'il avait entendu parler de notre évaluation à

360 degrés par un employé de HCLT qui travaillait sur un projet dans lequel il était personnellement impliqué. Notre façon de faire l'intriguait et il voulait en savoir plus.

Quatre ans plus tard, son entreprise était devenue l'un de nos clients les plus importants — une entreprise dont j'avais rencontré le P-DG grâce à un employé qui travaillait au pied de la pyramide HCLT. Depuis ce premier discours, j'ai été invité par beaucoup d'autres clients pour parler de la pyramide inversée à leurs équipes de directions et à leurs conseils d'administration. Chacun de ces contacts fut établi par un employé évoluant dans la zone de création de valeur.

Ces présentations démontrèrent un peu plus que nous étions sur la bonne voie. Les gens ne regardaient plus l'Himalaya en se demandant ce qu'il pouvait bien y avoir de l'autre côté. Au lieu de ça, ils se regardaient les uns les autres et savaient que tout était désormais possible.

CHAPITRE 4

# Redéfinir le rôle du P-DG

## Transférer la responsabilité du changement

Au cœur de l'automne 2006, les employés, à tous les niveaux de HCLT, commençaient à croire à l'énorme potentiel de notre entreprise. Ils réalisaient que nos efforts vers plus de transparence et vers l'inversion de la pyramide nous différenciaient de façon tangible. Nous étions désormais régulièrement en concurrence avec les acteurs mondiaux, ainsi que nous l'avions promis lors de la réunion Blueprint. J'étais satisfait de la situation, comme l'étaient l'équipe de direction et les employés.

Cependant, comme après chaque étape du processus franchie jusqu'alors, j'ai commencé à me projeter dans l'avenir et à m'inquiéter. Comme prévu, notre croissance commençait à s'accélérer. Nous embauchions des centaines de nouvelles personnes. Même si nous étions encore une entreprise relativement petite, avec moins d'un milliard de dollars de chiffre d'affaires annuel, nous étions assez diversifiés, menant des opérations dans dix-huit pays et dans dix secteurs verticaux, avec huit gammes de services.

Alors que nous étions en pleine croissance, comment pouvions-nous rester concentrés sur « les employés d'abord, les clients ensuite » ? Les équipes n'allaient-elles pas individuellement reconstruire petit à petit leur propre pyramide traditionnelle ? Les nouvelles strates de management n'allaient-elles pas chercher à gagner du pouvoir en accumulant l'information ? Comment les nouveaux venus allaient-ils comprendre l'importance de la confiance et de la transparence ?

À cette époque-là, je lisais *The Starfish and the Spider: The Unstoppable Power of Leaderless Organizations*[25] d'Ori Brafman et Rod A. Beckstrom. La plupart des entreprises, soutiennent-ils, fonctionnent comme des araignées à huit pattes. « Coupez une patte de l'araignée, vous aurez dans les mains une créature à sept pattes ; coupez-lui la tête et vous aurez une araignée morte », écrivait Beckstrom sur son site web. « Mais coupez une branche de l'étoile de mer, et une nouvelle branche repoussera. Bien plus, la branche sectionnée peut développer un corps entièrement nouveau. L'étoile de mer est capable de cette prouesse parce

---

25 - Ori Brafam, Rod A. Beckstrom, *The Starfish and the Spider: The Unstoppable Power of Leaderless Organizations* [L'étoile de mer et l'araignée : L'irrésistible pouvoir des organisations sans leader], Portfolio 2006.
Rod A. Beckstrom, « The Starfish and the Spider » [L'étoile de mer et l'araignée], The Rod Beckstrom Group, page web, 26 avril 2009, www.beckstrom.com/The_Starfish_and_The_Spider.

que, à l'inverse des araignées, elle est polycentrique ; tous les organes vitaux sont présents dans chaque branche. »

À cette époque, HCLT fonctionnait comme une araignée plutôt que comme une étoile de mer. Malgré nos grandes ouvertures et notre transparence, et malgré notre renversement de pyramide, notre organisation restait fortement centralisée. Le P-DG, et, au même niveau, le bureau autour du P-DG, se trouvaient toujours au centre de tout, telle la tête de l'araignée.

J'ai compris alors qu'il nous fallait ressembler davantage à l'étoile de mer, et cela nécessitait de redéfinir le rôle du P-DG, et de transférer beaucoup plus la responsabilité du changement aux employés. Ainsi, seulement, pourrions-nous continuer de nous concentrer sur la zone de création de valeur, faire passer les employés en premier tout en continuant de croître, et rendre le changement véritablement durable.

Je commençai à réfléchir aux façons d'accélérer le transfert.

## Une révélation

Un jour, à l'hiver 2006, je vis pour la première fois à quoi ressemblerait l'étoile de mer HCLT. Le CIO d'un client international était en visite dans nos bureaux de Delhi pour rencontrer l'équipe technique. Je mis un point d'honneur à prendre quelques minutes pour aller le saluer quelques instants avant le début de la réunion.

« Tout se passe bien ? demandai-je au CIO, qui travaillait sur son ordinateur portable dans la salle de conférence où aurait lieu la réunion.

- Tout se passe très bien, dit-il. L'équipe répond à toutes nos attentes.

- Fantastique. S'il n'y a pas d'utilité à discuter du projet en cours, j'aimerais vous parler d'une nouvelle approche en matière de services, sur laquelle nous travaillons en ce moment.

- Bien sûr, répondit-il. Je vous écoute.

- Il s'agit des technologies de l'information alignées sur le business, on l'appelle le programme BAIT[26], repris-je. L'idée est d'aligner bien plus précisément nos services sur les processus spécifiques de chacun de nos clients. Nous travaillons sur un projet pilote en ce moment, et nous avons l'intention de décliner le programme entier auprès de tous nos clients dans les mois prochains.

- Le BAIT ? Je suis au courant, lança le CIO.

- Comment ? — j'étais interloqué. Comment pouvez-vous être au courant ? C'est un projet pilote mené en interne. Seuls deux ou trois clients et quelques employés en ont entendu parler.

---

26 - NDT : Business-Aligned IT, ou BAIT en anglais. Le mot « *bait* » signifie « appât ».

— Ce sont vos collaborateurs qui m'ont mis au courant. Mon équipe HCLT. Qui d'autre aurait pu m'en parler ?

— Mais la nouvelle n'a même pas été annoncée en interne. Votre équipe n'y a pas encore été formée, assurai-je.

— Eh bien, non seulement mon équipe est au courant, mais ils ont déjà démarré le programme BAIT pour nous. Ils ont identifié nos trois processus les plus cruciaux. Ils les ont analysés et ont déterminé comment les aligner avec les solutions HCLT. Ils ont estimé enfin l'économie que l'on peut réaliser sur des périodes de douze mois, vingt-quatre mois, et trente-six mois. »

Je ne savais pas comment réagir. Cela m'inquiétait un peu que l'équipe utilise le programme BAIT avant qu'il n'ait été formellement présenté à toute l'entreprise. D'un autre côté, on pouvait y voir un exemple du transfert de la responsabilité du changement, sans *aucune* intervention de ma part ou de la part du bureau du P-DG. Tout cela s'était produit de façon naturelle.

À ce moment précis, l'équipe pénétra dans la salle, prête pour la réunion.

« Je viens de parler à Vineet de notre travail avec le programme BAIT », dit le CIO à Tarika, la chef d'équipe. Elle avait l'air décontenancé, et ne savait pas trop comment réagir. Je renchéris :

« C'est exact. Et j'ai très envie d'en savoir un peu plus. »

Tarika (j'ai changé son nom) s'avança jusqu'au tableau blanc et se saisit d'un feutre. Durant les dix minutes qui suivirent, elle et son équipe dessinèrent, avec quelques interventions du CIO, l'organisation des relations clientèle en trois schémas, décrivirent les solutions en détail, et présentèrent l'analyse des réductions de coût. Je fus malgré moi contaminé par leur enthousiasme et leur excitation.

Ce que Tarika et son équipe avaient réalisé était assez extraordinaire, étant donné que notre système BAIT n'était pas encore une prestation officielle, et surtout que ces gens étaient des ingénieurs, pas des analystes. Ils savaient mettre en place des solutions techniques, et ils avaient peu d'expérience dans l'analyse des processus de stratégies d'entreprise et dans la réduction des délais. La dernière fois que j'avais eu des nouvelles de cette équipe, ils travaillaient sur le développement d'une application très simple.

Quand ils eurent fini leur présentation impromptue, je demandai : « Alors, dites-moi comment on passe des solutions techniques à une véritable réflexion sur les stratégies entrepreneuriales. »

Tarika me dit qu'elle avait entendu parler du projet pilote BAIT par un de ses collègues qui évoluait dans un autre secteur de l'entreprise. Il le lui avait décrit, et elle s'était dit que cela pourrait être très utile à l'entreprise de ce CIO. Cependant, les consultants HCLT qui connaissaient bien le BAIT étaient tous trop occupés avec le projet pilote pour aider Tarika et son équipe. Et surtout, elle savait que son client n'avait pas un budget supplémentaire pour faire appel à un consultant.

« Alors, expliqua Tarika, j'ai dit à l'équipe : "Voyons voir si on peut apprendre ça tout seuls. On était tous d'accord pour tenter le coup". »

Les trois mois suivants, pendant les moments plus calmes ou après les heures de bureau, les membres de son équipe avaient appris par eux-mêmes, améliorant leur compréhension de l'utilité des IT pour changer les processus fondamentaux de l'entreprise. Une fois qu'ils pensèrent en savoir suffisamment, ils demandèrent à un consultant HCLT de mettre en place un atelier afin qu'ils apprennent un peu plus à utiliser les méthodes et les outils BAIT.

« Puis nous avons adapté cette structure aux informations que nous avions réunies sur les processus chez notre client, reprit Tarika, et nous avons fait nos recommandations dans un rapport sur la transformation de l'entreprise. » Elle souleva un épais dossier. « Dans ce rapport, nous décrivons les changements que nous pourrions mettre en place et la façon dont ils pourraient réduire les dépenses de plusieurs millions de dollars par an. »

Je secouai la tête. « Vous avez fait un boulot fantastique. Vous avez pris ce temps sur votre temps personnel, et vous n'avez pratiquement pas été assistés par l'organisation ou par vos supérieurs. »

Tarika et son équipe sourirent, l'air de dire que cela n'avait pas été important.

En sortant du bureau ce jour-là, je ne pouvais pas m'empêcher de penser à Tarika et à son équipe technique.

Ils avaient mis en place un changement fondamental dans leur façon de travailler et d'apporter au client plus de valeur que prévu sans qu'aucun supérieur ne leur en ait fait la demande. La prise en charge du changement avait été transférée, presque inconsciemment, grâce à tous les efforts produits en amont.

J'ai alors pensé : c'est comme cela que la méthode EFCS peut être assimilée et devenir durable tout au long de la croissance de HCLT. Les hommes et les femmes, à l'instar des membres de cette équipe technique, assumeront la responsabilité du changement. Ils verront le P-DG différemment, c'est-à-dire non pas comme la source de tout changement, mais comme un stimulateur et un facilitateur du changement.

Comment pouvais-je redéfinir le rôle du P-DG de sorte que toute l'organisation en prenne conscience, et pour accélérer le transfert de la prise en charge du changement vers nos employés HCLT dans le monde entier ?

## Renverser le transfert des responsabilités : une nouvelle dimension du portail U&I

À l'époque, je participais à un certain nombre de séminaires, dont le Forum économique mondial et la conférence Brainstorm TECH du magazine *Fortune* à San Francisco, séminaires durant lesquels je présentais le concept EFCS.

Lors de ces manifestations, on me posait toujours la même question « oui, mais » :

« Monsieur Nayar, tout cela est très intéressant. Mais beaucoup des initiatives EFCS ne seraient-elles pas intimement liées au fait que ce soit *vous* aux commandes de HCLT ? À votre avis, combien de ces initiatives produiront un changement sur le long terme ? Ne vont-elles pas se désagréger quand vous serez passé à autre chose ? »

C'était une question pertinente, qui me perturba beaucoup, alors. Chaque nouveau P-DG amène avec lui ses propres initiatives. L'organisation met en place ces programmes, autant que possible ou aussi peu que possible. Quand arrive, quelques mois ou quelques années plus tard, le P-DG suivant, beaucoup de ces initiatives sont balayées d'un revers de main et remplacées par d'autres. Trop souvent, les initiatives du P-DG créent des changements dans l'organisation qui ne sont pas durables et ne produisent pas de changement irréversible — c'est-à-dire un changement profond, fondamental, et à long terme.

Une possible solution apparut dans un endroit où je ne l'attendais pas : ma boîte de réception d'e-mails. Pendant l'hiver 2006, j'ai reçu une énorme quantité de courrier électronique. Malgré toutes les initiatives que nous avions mises en place pour améliorer la transparence, construire la confiance, et pour inverser la pyramide organisationnelle, un bon pourcentage de mes messages était encore et toujours du style : « S'il te plaît, Vineet, peux-tu répondre à ma question… » Ils décrivaient un problème ou un litige et concluaient avec une question : « Que conseilles-tu ? » ou « Que devrions-nous faire ? » ou encore « Comment aborder cette question ? »

Les gens qui m'envoyaient ces e-mails faisaient pour ainsi dire peser la responsabilité du changement sur mes épaules, mon bureau, ou sur quelqu'un à qui je transmettrais le problème. Mais notre objectif était de transférer la responsabilité aux employés, pas de les en délester. Et puis ce n'était pas comme si les gens qui m'envoyaient des questions ne pouvaient pas y répondre eux-mêmes. Beaucoup de ces expéditeurs étaient plus brillants que moi, après tout, et en savaient bien plus sur la technologie, le produit ou le système en question que je n'en saurais jamais. Plus important encore, ils étaient plus proches que moi de la zone de création de valeur et étaient plus à même de savoir ce qu'il fallait faire pour créer plus de valeur pour l'entreprise et ses clients. Alors pourquoi n'avaient-ils de cesse de se tourner vers moi en quête d'une solution ? Ils savaient que je ne pouvais pas avoir réponse à toutes leurs questions. D'ailleurs, je ne *devais pas* avoir toutes les réponses, dans une organisation proposant une telle gamme de services, de marchés et réalisant tant d'opérations. Il y avait tellement de zones de création de valeur, si éloignées de moi, et puis nous avions une telle quantité et variété de problèmes.

Je me rendis compte que les employés me posaient ces questions pour deux raisons. Premièrement, ils avaient l'habitude de fonctionner ainsi, comme un réflexe irréfléchi, typique de toute organisation du genre « commandement et contrôle », dans laquelle les employés cherchent automatiquement les réponses au-dessus d'eux. Deuxièmement, peut-être ne voulaient-ils pas avoir l'entière responsabilité de la réponse ou du résultat. Ils voulaient que moi, le P-DG, et mon bureau, prenions tout ou partie de la responsabilité. Peut-être voulaient-ils pouvoir dire : « Je n'y suis pour rien, Vineet a dit qu'il approuvait. » J'avais très probablement des torts. Peut-être les avais-je conduits à croire que je voulais, effectivement, prendre toutes les décisions, et peut-être ainsi étais-je la cause de leur comportement.

Quelle qu'en soit la raison, cette situation ne pouvait plus durer. Les employés devaient assumer davantage leurs propositions et leurs actions. Après avoir longuement discuté de ce sujet avec l'équipe de direction et beaucoup de collègues, nous avons eu l'idée d'ajouter un simple catalyseur permettant de redéfinir le rôle du P-DG : une nouvelle fonction au portail U&I.

Notre objectif premier avec U&I avait été de créer de la transparence afin de construire de la confiance. Nous y étions parvenus. Mais je constatais maintenant que dans notre désir de transparence et notre volonté de rendre le P-DG accessible et ouvert, nous avions en réalité renforcé cette perception du P-DG omniscient dans son bureau tout-puissant ; nous avions malgré nous conforté l'idée que le P-DG assumerait tout. L'instrument U&I, après tout, permettait à n'importe qui d'envoyer une question à Vineet, obligeant un membre de mon bureau ou moi-même à répondre rapidement à l'expéditeur.

Cette recherche de la transparence avait servi à centraliser le pouvoir dans le bureau du P-DG, encore plus qu'avant. Mais, comme je l'avais aussi appris lors de cette réunion clients avec Tarika et son équipe technique, il y avait bien plus de savoir-faire à l'extérieur de mon bureau qu'à l'intérieur. Je m'aperçus que c'était *moi* qui avais des questions à poser aux autres. « Vineet, me suis-je dit, tu es un employé toi aussi, après tout. » Pourquoi ce jeu de questions-réponses serait-il unilatéral ? J'avais beaucoup de problèmes à résoudre, à l'époque, et je n'étais pas à même de résoudre seul la plupart d'entre eux. Plutôt que de cacher ces combats et de faire comme si j'avais les réponses, pourquoi ne pas chercher de l'aide dans l'organisation ? Ne serait-ce pas une première percée dans les remparts de marbre entourant le bureau du P-DG ?

Ainsi, nous avons créé une nouvelle section au sein du portail U&I, que nous avons appelée « Mes Problèmes ». Il s'agissait précisément de cela : *mes* problèmes, les questions auxquelles moi, en tant que P-DG, je ne pouvais répondre moi-même, les problèmes que je ne pouvais résoudre. Je commençai alors à poster des questions sur lesquelles je me débattais, et les gens se mirent à me répondre. Un problème en particulier m'exaspérait. Comme vous le savez peut-être, il y a tout un groupe de sociétés d'analystes qui ont beaucoup d'influence dans la communauté des acheteurs de technologies IT. Ces organisations très pointues font de la recherche, proposent du conseil, et ont une influence importante sur les clients IT. Ce sont des intermédiaires sur le marché, souvent placés entre les entreprises de services et les entreprises clientes.

À cette époque, certains de ces intermédiaires semblaient avoir un préjugé favorable envers les fournisseurs de technologies IT globales avec lesquels nous rivalisions désormais, souvent avec succès. Certains de ces analystes, même s'ils étaient peu nombreux, semblaient croire que plus une entreprise est grande, meilleure elle est, et ils recommandaient par conséquent à leurs clients de toujours se fier à la taille, même si des concurrents plus petits, comme HCLT, pouvaient présenter une proposition plus intéressante en matière de création de valeur. Cela me frustrait parce que je savais que nous avions autant (sinon plus) de capacités et de compétences que les gros acteurs sur le marché, et que nous étions plus à même d'innover et de produire d'importants changements. En d'autres termes, nous avions beaucoup plus de chances d'être l'Apple ou le Google de l'industrie IT que ceux qui étaient considérés comme le choix le plus sûr. Mais certains de ces analystes restaient sourds à ce message, ou, s'ils l'entendaient, ils semblaient incapables d'y croire un tant soit peu. Peut-être n'avions-nous pas communiqué de façon adéquate ou donné assez de preuves de ce que nous prétendions être.

L'un de mes premiers *post* sur la section Mes Problèmes de U&I concernait ce souci. « Comment devrions-nous nous y prendre pour que les analystes changent d'avis ? Quelles preuves de nos nouvelles compétences et de notre approche unique en son genre pouvons-nous leur donner ? » Puis je mis en ligne à la suite de ce *post* d'autres énigmes que je ne parvenais pas à résoudre.

Je reçus un nombre de réponses impressionnant. On aurait dit que chaque membre de l'organisation avait une opinion sur le sujet et ne demandait qu'à aider son pauvre P-DG. Tous les problèmes ont-ils été résolus par les réponses que je reçus dans Mes Problèmes ? Ai-je reçu des solutions satisfaisantes et prêtes à l'emploi pour chacun de mes problèmes ? Non, bien sûr que non. Mais nous avons prêté attention à beaucoup de conseils, d'idées et de propositions de solutions intéressantes, qui m'ont permis de mieux comprendre le problème soulevé et de développer ma réflexion. Dans bien des cas, j'ai engagé un va-et-vient avec mes interlocuteurs, nous posant les uns aux autres des questions telles que :

- Quelle est la nature fondamentale du problème ?
- Comment nous affecte-t-il réellement ?
- Est-il vraiment indispensable d'y remédier ?
- Quelle personne ou quelle équipe est la plus à même de cerner le problème ?

- En toute logique, quels délais devrions-nous fixer ?
- Comment évaluerons-nous le processus et la solution ?

Ces échanges, sur le mode « mes problèmes et vos réponses », commencèrent à éloigner de moi la responsabilité des solutions créatrices de changement, vers d'autres personnes au sein de l'organisation. Elle devint un dialogue bien plus qu'un monologue.

Puis nous avons poussé le concept un peu plus loin et posté des idées de politique interne auxquelles nous réfléchissions, sollicitant les commentaires des employés. Nous avons créé des sondages d'opinion sur divers sujets et avons affiché les résultats visibles par tous. L'équipe de direction n'a pas systématiquement pris en compte les conseils reçus, de même que nous n'avons pas toujours suivi l'opinion majoritaire exprimée dans les sondages. Ce n'était pas vraiment l'objectif. Le but était de faire en sorte que tout le monde au sein de l'entreprise échange, que les gens s'écoutent les uns les autres, comme au sein d'une famille unie, et que la direction justifie et communique ses décisions quand celles-ci étaient en désaccord avec l'opinion majoritaire.

Il s'agissait là d'une avancée de plus vers la redéfinition du rôle du P-DG. Si le P-DG ne voulait pas ou ne pouvait pas répondre à toutes les questions des employés, et s'il leur demandait des réponses aux problèmes auxquels il était confronté, n'étions-nous pas en train de redistribuer, de partager la responsabilité de notre sort ? Cela ne signifiait-il pas que tous les membres de l'entreprise devenaient responsables de la création de valeur dans la zone en question ? Cela n'assurerait-il pas que notre avantage compétitif demeurerait au-delà de n'importe quel mandat du P-DG ? Cela ne signifiait-il pas que nous devions tous prendre nos responsabilités et faire passer la philosophie EFCS aux nouveaux employés afin qu'elle perdure ?

## S'engager tout entier

Mais nous avions encore fort à faire pour encourager les gens à prendre davantage en charge le changement au sein de l'entreprise. Tous ne communiquaient pas avec moi *via* U&I, après tout, que ce soit en posant leurs propres questions ou en essayant de répondre aux miennes. Et il y avait encore beaucoup d'employés qui, tout simplement, ne s'engageaient pas pleinement dans l'entreprise. Leur travail n'était qu'un travail ; ce qui était vraiment important à leurs yeux se trouvait en dehors de celui-ci.

Durant cette période, j'eus une conversation fascinante avec le CIO d'une multinationale du top 100. Nous venions tout juste de remporter un contrat avec lui qui élargissait significativement notre sphère d'intervention dans son entreprise. Une fois le marché conclu, j'ai demandé au CIO la raison pour laquelle il avait sélectionné HCLT plutôt que les autres prestataires qui avaient répondu à l'appel d'offres.

C'était une question standard, à laquelle il répondit dans un premier temps par une réponse standard. Il évoqua l'innovation de nos solutions, la qualité de notre service, notre réactivité, nos infrastructures, ainsi que nos tarifs. Mais il ajouta :

« Ceci étant dit, Vineet, je pense profondément que tout le processus de réponse à l'appel d'offres pour un travail de cet ampleur a relativement peu de sens. Nous lançons un appel d'offres et vous y répondez du mieux que vous pouvez. Mais cela ne nous dit pas vraiment ce que nous voulons savoir de votre entreprise.

- Que voulez-vous dire ? demandai-je. Êtes-vous en train de me dire que notre proposition n'était pas pertinente ?

- Pas du tout, dit-il. Tout bien réfléchi, c'est vous que nous avons choisi. Ce que je suis en train de vous dire, c'est que cette proposition n'a pas traité les questions vraiment importantes.

- Par exemple ?

- Par exemple, ce qui fait la spécificité de vos employés. Qui sont-ils ? À quoi pensent-ils ? Quelles sont leurs règles éthiques ? Qu'est-ce qui les passionne ? Je n'ai pas besoin d'en savoir trop sur les techniques et les outils qu'ils vont utiliser. Ils seront très similaires à ceux utilisés dans les autres entreprises. Je veux savoir s'ils mettront les bouchées doubles pour moi et mon projet. Seront-ils suffisamment enthousiastes pour partager leur savoir-faire au-delà de ce qui est écrit dans le contrat ? S'engageront-ils à fond dans leur travail avec nous ? »

Je fus très frappé par cette remarque. Si nous pouvions embaucher les gens sur leurs passions, leurs convictions et leur éthique, ne seraient-ils pas plus à même de porter sur leurs épaules la responsabilité du changement ? Ne la réclameraient-ils pas ?

Mais comment pouvions-nous commencer à appréhender le rôle de la passion dans le travail ?

### Identifier les sources de la passion : l'évaluation EPIC

Beaucoup d'entreprises mettent en place des enquêtes cherchant à mesurer la satisfaction ou l'engagement des employés. Mais alors que je réfléchissais aux remarques du CIO, je réalisai que ces approches étaient inappropriées. La satisfaction est-elle réellement un indicateur utile de quoi que ce soit ? La satisfaction est très différente de la passion. La satisfaction n'implique-t-elle pas en fait une acceptation des choses telles qu'elles sont ? Si je suis satisfait, aurais-je un quelconque intérêt à changer ou à améliorer quoi que ce soit ?

Et qu'en est-il de l'engagement ? Je suppose qu'il est préférable qu'un employé soit motivé plutôt qu'indifférent.

Mais n'est-ce pas une autre forme de satisfaction, légèrement plus active ? Je suis engagé dans ce travail et ce projet, mais vais-je pour autant soulever des questions le concernant ? Ai-je réfléchi à de meilleures solutions ? Est-ce que j'en ferai plus que le strict minimum, ce petit plus qui a tant de valeur aux yeux de mon ami CIO ?

Probablement pas. Seule la passion fait que les gens sautent au bas du lit le matin, impatients d'aller au travail. Seule la passion les pousse à essayer des choses qui semblent difficiles, voire impossibles. Seule la passion les conduit à prendre des responsabilités ou à accepter des tâches qui ne sont pas spécifiées dans un contrat quelconque.

Nous nous sommes donc demandé comment mesurer et capter la passion d'un employé. Comment parvenir à mieux cerner ce qu'il ou elle aime vraiment et souhaite vraiment faire ? Serait-il possible de prendre des dispositions afin d'aider les gens à assouvir leur passion et à devenir par conséquent plus passionnés par leur travail ?

Nous n'en avions aucune idée, mais décidions d'essayer.

Dans cette optique, nous avons développé une initiative appelée l'évaluation indicative de la passion des employés (EPIC[27]).

Nous avons identifié une courte liste de vecteurs de la passion et les avons divisés en trois thèmes : soi-même, le social, le monde. Nous avons créé une enquête dont les questions étaient articulées autour de ces trois thèmes. Le

---

27 - *Employee Passion Indicative Count.*

but était d'identifier quelles sont les valeurs fondamentales aux yeux des gens qui les conduisent à agir avec passion à la fois sur le plan personnel et professionnel. Cette enquête sur la passion eut finalement un succès fou. Les gens aimaient exprimer leurs passions, celle qu'ils avaient ou n'avaient pas pour leur travail. Ils étaient curieux d'apprendre ce que faisaient les autres pour susciter de la passion dans leurs domaines respectifs. Les managers purent prendre le pouls de leurs employés d'une nouvelle façon. L'intérêt porté à l'enquête engendra plusieurs ateliers post-EPIC et des interventions en équipe qui aidèrent les gens à mieux réfléchir sur leurs indicateurs de passion et à la meilleure façon d'en tirer profit au travail.

### Créer des communautés de passions durables : les communautés « Les employés d'abord »

Lors de la prochaine étape, il nous fallut trouver le moyen d'incorporer la passion dans la structure de l'organisation. La création de communautés d'employés que l'on appellerait les communautés « Les employés d'abord » nous vint à l'esprit. Chaque communauté s'articulerait autour d'un domaine d'une passion spécifique, un peu dans le genre des clubs universitaires[28]. Les communautés seraient

---

28 - Dans les pays anglo-saxons, un étudiant peut, s'il le souhaite, s'inscrire au club de sa matière préférée, par pure passion : le club des mathématiques, le club de littérature, etc.

virtuelles, indifférentes à toute frontière organisationnelle, mais disposeraient d'un représentant élu dans chaque structure physique.

L'idée a pris comme un feu de forêt. Des communautés furent créées autour de dizaines de sujets, au nombre desquels : hygiène et santé, art, musique, responsabilité sociale de l'entreprise. Aujourd'hui, environ deux mille cinq cents personnes partout dans le monde ont le statut de responsable de communauté et disposent d'un conseil, constitué de membres de tous les secteurs de l'entreprise, qui participent suivant leurs centres d'intérêt ou leurs passions. Il s'agit d'un exercice démocratique ; les responsables sont élus par les employés, jamais nommés par la direction. Cette pratique éloigne encore un peu plus le contrôle du bureau du P-DG sur les employés, vers les branches de l'étoile de mer.

Le résultat de ces communautés est extraordinaire. Elles permettent aux gens de faire ressortir leur personnalité au travail. Les employés deviennent si impliqués dans ces groupes que les communautés sont devenues à la fois un nouveau lieu d'apprentissage, et de motivation dans leur engagement dans la culture de l'entreprise.

Les communautés « Les employés d'abord » se sont avérées si populaires, et représentent une telle source d'énergie pour les membres d'HCLT que finalement, nous avons réfléchi à la façon dont nous pourrions faire pour que le travail de ces groupes ait un effet plus direct sur notre entreprise. Dans cette optique, nous avons ajouté des communautés centrées sur des passions liées à l'entreprise, comme sur une technologie en particulier, ou tel ou tel domaine d'expertise. Ces communautés ont rapidement généré toutes sortes d'idées pour HCLT, nous aidant à développer des projets et à trouver de nouvelles propositions (l'idée du BAIT, par exemple, était partie d'une communauté de ce genre). Quand certaines de ces idées ont commencé à générer de nouveaux revenus, nous nous sommes rendu compte que nous venions de tomber sur un nouveau bénéfice imprévu : la création de nouvelles idées de management à travers l'innovation non structurée.

Une telle innovation, non structurée, aussi riche, centrée sur le *cloud computing*[29], se développe chez HCLT alors que j'écris ce livre. Des entreprises du monde entier tentent d'améliorer leur compréhension du *cloud computing* — qui déplace les applications de bureau et de serveurs informatiques de l'entreprise vers le Web — parce que cela aura immanquablement un impact d'une portée considérable sur les fournisseurs de technologies IT et leurs clients. Les modèles économiques vont subir un changement radical ; certains n'y survivront pas. Aucune personne, aucune équipe ou aucune communauté ne maîtrise parfaitement cette question chez HCLT, parce que ses

---

29 - Le *cloud computing*, informatique en nuage est un concept qui consiste à déporter sur des serveurs distants des traitements informatiques traditionnellement localisés sur un serveur local ou sur le poste Client de l'utilisateur. Source : Wikipedia.

implications sont incalculables pour toutes nos gammes de services.

Mais les débats et la participation des communautés nous aident à approfondir nos prises de conscience, à créer un sentiment d'urgence, à encourager de nouvelles réflexions, et à éviter de rester aveugles face à ce défi. En tant que P-DG, je ne suis qu'une voix parmi d'autres dans le débat. En conséquence, notre réponse sur le *cloud computing* est en constante évolution. Quand une proposition spécifique fait l'unanimité au cœur d'une communauté, elle est transférée vers un groupe qui s'occupe de la mise en pratique. Je crois fermement que l'innovation, en particulier dans notre domaine, se développe bien souvent dans un processus non structuré comme celui-là.

Ces communautés de passions — articulées autour des intérêts personnels et des questions professionnelles — ont eu l'effet escompté sur la structure de l'entreprise. Elles ont aidé à transférer un peu plus la responsabilité des idées « nouvelle génération » à l'extérieur du bureau du P-DG et de l'équipe de direction vers les communautés composées de gens collaboratifs en créant des alternatives au-delà des frontières hiérarchiques.

Petit à petit, catalyseur par catalyseur, le bureau du P-DG devenait de moins en moins cette sorte de tête d'araignée omnisciente. L'entreprise commençait à ressembler à l'étoile de mer.

## Transférer la responsabilité de la définition de la stratégie

Depuis le début de nos efforts pour redéfinir le rôle du P-DG en 2006 et transférer la responsabilité du changement à nos employés, nous avons mis en place bien d'autres catalyseurs et initiatives. Par exemple, nous nous sommes rendu compte qu'il fallait changer notre relation avec les clients pour leur permettre d'avoir une plus grande part de responsabilité dans la direction que prenaient nos partenariats et nos nouvelles solutions. Nous avions déjà un groupe de conseil clients et une réunion trimestrielle du comité directeur centrés sur les questions clients, mais nous voulions à la fois impliquer plus profondément dans la création de valeur d'une part le client et d'autre part nos employés en leur donnant des responsabilités au-delà de leurs rôles prédéfinis.

Rapidement, une solution s'offrit à nous : créer un échange d'idées, que l'on appellerait le *portail de valeur*, entre le client et nos employés. Les employés pourraient lancer de nouvelles idées créatrices de valeur, puis les partager avec les clients, qui évalueraient et classeraient ces idées par niveau de qualité selon plusieurs critères spécifiques. Les employés seraient récompensés pour avoir participé à ce processus.

Dans un court laps de temps après la mise en place de ce portail de valeur, plus de cent clients l'avaient rejoint.

Parallèlement, les employés HCLT avaient produit des milliers de projets qui, réunis, permettaient de faire économiser des centaines de millions de dollars aux clients.

Nous étions prêts, alors, pour ce que l'on pourrait considérer comme l'étape ultime : permettre aux employés de partager la définition de la stratégie à l'échelle de l'entreprise, c'est-à-dire travailler tous ensemble pour décider de l'avenir.

Il me faut passer directement à 2009 pour décrire la manifestation la plus caractéristique de cette étape, le concept intitulé *MyBlueprint*. Comme je l'ai écrit plus haut, nous avons tenu notre première réunion Blueprint en 2005, un rassemblement de nos managers seniors pour discuter de la direction à prendre sur les cinq années suivantes. En 2009, nous nous rapprochions de l'échéance, il nous fallait donc planifier la prochaine étape de ce voyage.

Environ trois cents directeurs avaient la responsabilité de faire des plans stratégiques pour leur domaine spécifique. Les années précédentes, leurs plans écrits et leurs présentations orales avaient été examinés par leur supérieur direct, moi y compris. En 2009, au moment où nous redéfinissions le rôle du P-DG, je me suis retrouvé au centre du processus d'évaluation annuel. Je me demandai : « Pourquoi devrais-je être celui qui fait toutes ces évaluations ? Qu'est-ce que je sais du travail de ces trois cents directeurs ? Comment puis-je vraiment les évaluer ? Quelle est ma valeur ajoutée ? Ne serait-ce pas plus logique que ce soit un directeur des services financiers qui écoute les points de vue des entreprises de détail qui innovent dans leurs relations avec leurs clients finaux, ou dans le suivi et la mise en valeur du contenu numérique — pouvant déclencher de nouvelles idées ou solutions pour les clients de ce directeur ? Un directeur en Australie ne pourrait-il pas tirer profit de l'expérience d'un homologue européen qui aurait rencontré des questions et des challenges similaires ? »

Ainsi, en 2009, nous avons décidé de ne pas organiser de réunion Blueprint en direct.

À la place, nous avons décidé que les trois cents directeurs prépareraient leurs plans stratégiques et en feraient des enregistrements audio, qui seraient postés sur un portail MyBlueprint, un peu sur le modèle de Facebook. Ces plans pourraient être consultés par les quelque huit mille managers HCLT, y compris les personnes au-dessus des managers dans la hiérarchie traditionnelle, et ceux des niveaux inférieurs. Nous espérions ainsi transformer le processus en une évaluation *peer-to-peer* plutôt qu'en un jugement du haut vers le bas. Cela rapprocherait beaucoup plus la planification de la zone de création de valeur. De plus, cela éloignerait encore un peu plus la responsabilité du bureau du P-DG.

Les « oui, mais » ont-ils fusé de tous côtés ?

Bien entendu.

« Mais Vineet, cela signifie que *toi*, tu ne regarderas pas les plans stratégiques ? »

« Tu veux qu'on partage nos plans avec huit mille managers ? C'est pousser la transparence beaucoup trop loin. Cela révélera notre stratégie. Le monde entier connaîtra la direction que nous prenons ! »

« Vineet, ce travail était auparavant exclusivement destiné aux exécutifs. Quelle forme devra-t-il adopter sur le portail MyBlueprint ? »

Nous avons continué malgré tout. L'effet s'avéra extraordinaire. Les trois cents managers ont alors posté leurs plans stratégiques. À l'écoute de plusieurs enregistrements, je fus surpris de constater qu'ils ne résonnaient pas pareil que lors des présentations en tête à tête que j'avais entendues au cours des quatre années précédentes. Comme les directeurs savaient que les enregistrements seraient entendus par un grand nombre de personnes, y compris leurs propres équipes, leur analyse se trouva plus approfondie, et les stratégies envisagées de meilleure qualité. Ils étaient plus honnêtes dans leurs appréciations des challenges et des opportunités existantes. Ils parlaient moins de ce qu'ils espéraient accomplir, et plus des actions qu'ils envisageaient pour parvenir à leurs résultats.

Comme toujours, le catalyseur avait des effets secondaires imprévus. Huit mille managers HCLT profitèrent de l'opportunité d'écouter les enregistrements sur le portail MyBlueprint. Très vite, ce réseau fit le buzz. Les gens orientaient leurs collègues vers l'enregistrement qui leur semblait potentiellement utile. Les employés d'un département discutaient entre eux de leur avenir avec une nouvelle approche, et ils aimaient cette transparence. La quantité de partage de compétences en dehors des niveaux hiérarchiques était impressionnante. Des managers établirent de nouvelles relations entre eux, indifférentes aux barrières de tout genre. Les employés postaient des commentaires au sujet des stratégies présentées par les directeurs, proposant de nouvelles perspectives et idées qui s'avéraient bien plus pertinentes et réalisables que ce que les managers recevaient traditionnellement dans leurs évaluations annuelles. Quand un nouvel employé rejoignait une équipe, il ou elle disposait d'un endroit où chercher et comprendre les objectifs assignés à son équipe. Tout le monde se sentait capable de contribuer à ce processus de réflexion et de planification stratégique. Les gens comprenaient mieux les challenges, intégraient le plan stratégique, et pouvaient s'aligner dessus d'une façon inconnue auparavant.

Au final, l'équipe de direction et moi-même avons participé au processus, donnant nos commentaires et nos feedbacks, mais nous ne représentions que quelques voix parmi les huit mille autres.

Le processus MyBlueprint fut-il une réussite ? Je pense que oui. Le ferons-nous de la même manière l'année prochaine ? Probablement, mais il y aura sans aucun doute de nouveaux changements, de nouveaux affinements et de nouveaux catalyseurs. Rien n'est jamais parfait.

## Développer la responsabilité dans une société achetée : la fusion inversée avec AXON

Nos efforts pour partager la responsabilité avec les employés se sont étendus également à la façon dont nous menions les fusions et acquisitions. En décembre 2008, HCLT achevait l'acquisition d'une société de conseil en SAP[30] basée au Royaume-Uni, AXON Plc, pour un montant de 440 millions de livres sterling, acquisition étrangère la plus importante jamais réalisée par une entreprise IT indienne.

À l'époque, les solutions SAP étaient en pleine expansion. Nous n'étions pas en mesure de créer des solutions de conseil SAP haut de gamme. AXON était alors l'entreprise de conseil SAP indépendante la plus importante du monde, et nous l'avons donc rachetée pour renforcer notre offre et accélérer notre croissance.

Cependant, nous étions déterminés à ne pas tomber dans l'écueil qui guette tant d'entreprises acheteuses : forcer l'organisation d'AXON à s'intégrer dans l'organisation HCLT. Au lieu de cela, nous avons admis que nous achetions AXON pour pallier notre faiblesse dans le domaine où ils étaient, eux, en position de force, et par conséquent, notre rôle était de faciliter la réussite d'AXON plutôt que

---

30 - Systèmes, applications et produits pour le traitement de données.

mettre l'accent sur son intégration dans l'organisation de HCLT. Suivant cette logique, nous avons fusionné notre propre branche SAP, de quelque deux mille cinq cents personnes, avec celle d'AXON. Puis, nous avons permis à HCL AXON de se développer encore plus, en lui permettant de tirer profit du bilan, de la marque, des objectifs, des clients, des solutions, et du cadre d'innovation de HCLT. Cette approche fut une telle réussite que neuf mois après l'acquisition, l'équipe de direction HCL AXON prit en charge la gestion de bien d'autres secteurs de HCLT.

Ainsi, HCL AXON et le reste de HCLT réalisèrent une belle croissance, les clients de HCLT purent profiter d'une nouvelle offre, et le prix de l'action HCLT a augmenté, même pendant la récession des années 2008 et 2009. De plus, en tant que P-DG, j'obtenais une marge de manœuvre pour en faire de plus en plus. Ou peut-être, devrais-je dire, pour en faire de moins en moins. En d'autres termes, une grande partie de la responsabilité qui aurait été, typiquement, transférée vers le bureau du P-DG lors de l'acquisition, fut dirigée en réalité dans la direction opposée.

Nous avions découvert que le concept EFCS, s'il était appliqué à une acquisition importante comme la fusion AXON, pouvait générer des résultats tellement importants que nous avons par la suite signé quatre autres acquisitions réussies cette année-là. Avec chacune d'entre elles, nous avons prouvé que quand un P-DG s'attache plus à faciliter qu'à gouverner, l'exécutif peut réaliser beaucoup de choses qui auraient peut-être été trop risquées autrement.

## Les avantages du transfert de la responsabilité du changement

Beaucoup de gens m'ont posé des questions sur cette redéfinition du rôle du P-DG. Est-ce que je prends vraiment cette idée au sérieux ? Le P-DG n'est-il pas censé tenir fermement les rênes du pouvoir ? Comment une entreprise peut-elle mettre en place une stratégie dans un processus collaboratif ?

Je crois profondément qu'une bonne partie de la responsabilité du management de l'entreprise doit être transférée vers les employés, et pour trois raisons.

- D'abord, concentrer le pouvoir au sein du bureau du P-DG prive la zone de création de valeur de tout pouvoir. Le bureau du P-DG est toujours trop loin de la zone de création de valeur pour vraiment comprendre cette zone. Le P-DG qui essaye de diriger ce qui s'y passe, particulièrement dans les entreprises de services et de l'économie du savoir, a de fortes chances de la conduire en fait droit dans le mur.

- La deuxième raison est la vitesse. La vitesse de pensée, de changement, et de mise en place se retrouve sclérosée par trop de hiérarchie, où qu'elle se trouve. La seule façon de supprimer la hiérarchie dans une organisation est de redéfinir le rôle du P-DG : qu'il devienne celui qui pose les questions, plutôt que celui qui y répond, et le reste de la hiérarchie se disloquera bientôt.

- La troisième raison pour laquelle il faut redéfinir le rôle du bureau du P-DG est le savoir. La complexité du savoir et des économies de services est tellement grande qu'il est impossible à n'importe quel individu ou secteur de l'entreprise, y compris le P-DG et son bureau, de le posséder. Le P-DG doit consacrer son énergie à permettre à ceux qui *possèdent* ce savoir de faire ce à quoi ils sont bons, plutôt qu'à prendre des décisions seul de son côté, sur la base d'une connaissance incomplète, imparfaite, et probablement obsolète.

Le P-DG ne peut plus être celui qui gribouille une stratégie sur une serviette en papier pendant le dîner. Il ou elle ne peut pas être celui ou celle qui, debout face à une assemblée, harangue la foule avec un discours grandiloquent. Le rôle du P-DG est de permettre aux gens d'exceller, de les aider à découvrir leur propre sagesse, de les pousser à s'engager corps et âme dans leur travail et à accepter la responsabilité du changement.

## Vers l'autogestion

J'entretiens depuis bien longtemps un débat très personnel avec la hiérarchie. C'est peut-être pour cela que je suis tellement résolu à repenser le rôle du P-DG et à faire en sorte que les autres partagent la responsabilité du travail de l'entreprise.

J'ai eu de la chance : le rôle principal des enseignants de mon école était de nous faciliter l'apprentissage. Ils voulaient transférer aux étudiants la prise en charge de notre éducation, et ce, le plus tôt possible dans nos vies. Ils ne se voyaient pas comme les P-DG de la salle de cours.

Il n'y avait pas non plus vraiment de hiérarchie dans notre famille. Mon père est mort jeune, quand j'étais adolescent. La structure traditionnelle « commandement et contrôle » qui aurait pu être adoptée n'existait tout simplement pas dans notre foyer.

Les années passant, j'ai observé et étudié d'autres institutions, des organisations philanthropiques aux groupes religieux, à la recherche d'indicateurs et de modèles qui pourraient être adaptés au monde des affaires. J'en ai conclu que lorsque les gens ressentent de la passion et de la responsabilité pour ce qu'ils font, ils peuvent transformer non seulement une entreprise, mais aussi se transformer eux-mêmes.

Une fois que nos problèmes collectifs n'appartiennent plus à un P-DG omnipotent, mais qu'ils ont été transférés vers les employés, les gens veulent transformer et aborder leurs vies professionnelle et personnelle de manière très différente. Soudain, ils voient l'entreprise comme leur bien propre. Ils commencent à réfléchir comme des entrepreneurs. Leur capacité d'énergie monte en flèche. Et quand cela arrive avec une certaine masse critique d'employés (en général, il suffit de 5 à 10 %) au sein d'une entreprise, cela entraîne une sorte de fusion — comme un ensemble de particules humaines composant la molécule *corporate*, qui libère une énorme quantité d'énergie.

Ainsi, le but ultime de toutes les initiatives décrites dans ce chapitre est plus large que la redéfinition du rôle du P-DG ; il s'agit de la création d'une entreprise autogouvernée et autogérée. Nous n'y sommes pas encore parvenus chez HCLT. Donnez-nous encore quelques gouttes d'eau et un peu plus de temps.

Beaucoup de directeurs au sein de notre organisation sont devenus les porte-drapeaux de nos efforts visant à faire sortir la responsabilité du changement à l'extérieur du bureau du P-DG, pour parvenir à l'autogestion. « Mais ce n'est pas toujours très facile d'arriver à nos fins », ont-ils souvent admis en ma présence. « De plus, la manière la plus simple n'est en général pas la plus sympathique. »

En effet, j'ai vu des personnes piétiner dans leurs efforts pour prendre des décisions et des responsabilités à leur niveau. J'ai moi-même souvent buté sur des obstacles. Nous avons essuyé des échecs, autant que nous avons remporté de victoires. Sur bien des forums, j'ai débattu sur les problématiques qui tournent autour du transfert de responsabilité ainsi que du concept EFCS dans son ensemble. Je me suis parfois trouvé dans l'impossibilité de défendre complètement nos idées, et je n'ai pas réussi à convaincre tous les participants au débat.

Néanmoins, nous avons poursuivi avec succès notre chemin « les employés d'abord, les clients ensuite ». Ce qui nous a ouvert la voie, et ce qui m'a personnellement donné la force de continuer, sont la foi et la passion des employés à tous les échelons de HCLT — ces personnes qui sont les gouttelettes essentielles du changement — qui se sont voués corps et âme à notre entreprise et à sa transformation.

Sans eux, nous aurions dévalé la pente depuis longtemps, et serions désormais en train de contempler des montagnes bien trop hautes pour que nous puissions les escalader.

CHAPITRE 5

# Mieux comprendre à partir des incompréhensions

## Renouveler le cycle du changement

Il est peut-être plus facile de ne pas comprendre le concept EFCS que de le comprendre. Il y a bien des manières de ne *pas* le voir pour ce qu'il est.

Dans ce dernier chapitre, je souhaite m'exprimer un peu plus sur ce qu'est réellement le concept EFCS, et sur ce qu'il n'est pas ; sur ce qu'il peut faire pour vous, votre entreprise, et vos employés ; et sur ce qu'il ne peut pas faire. C'est peut-être l'inverse de la structure à laquelle on s'attend dans un livre de ce genre (mais, après tout, le thème principal du livre est la valeur obtenue par l'inversion de la structure traditionnelle, alors on peut se permettre d'inverser aussi le sens du livre !), parce que, dans les précédents chapitres, j'ai discuté des questions concrètes et des étapes spécifiques que nous avons franchies durant notre voyage. Maintenant, je veux traiter des objections soulevées par cette philosophie.

## Première incompréhension : cela ne fonctionnera pas dans les moments difficiles

« Oui, monsieur Nayar, tout ça est bien joli », puis-je entendre à droite et à gauche. « Vos histoires de miroirs, de gouttes de pluie et de fermes avicoles sont intéressantes, et parfois même exaltantes. Mais que se passe-t-il quand les temps sont durs ? Que se passe-t-il quand votre entreprise est dans une mauvaise passe ? Quand l'économie se dégrade ? Quand toute votre industrie n'a plus aucun sens ? »

« Et surtout, M. Nayar, que se passe-t-il quand vous n'avez pas d'autre choix que de réduire les coûts, et, Dieu vous en garde, de diminuer le nombre de vos précieux employés ? Vous trouveront-ils toujours digne de confiance quand vous leur tendrez leur lettre de licenciement ? »

C'est amusant, votre question tombe à point nommé.

Chez HCLT, nous avons été confrontés aux mêmes problèmes que la plupart des entreprises dans la pire crise économique — plus fondamentalement, une sérieuse menace de déclin. Durant cette période, de la mi-2008 à la fin 2009, le concept EFCS fut véritablement mis à l'épreuve. Nous nous demandions : « Ce concept est-il pertinent dans un tel contexte ? Peut-on se permettre de faire passer nos employés d'abord alors que nos clients sont en grande difficulté ? Ne nous faudra-t-il pas licencier ? N'est-ce pas le seul moyen de conserver nos coûts à un bas niveau quand bien même les ventes sont difficiles ? Et cela n'ira-t-il pas à l'encontre de tout le concept des "employés d'abord" ? »

J'en discutai avec mon équipe de direction. Nous ne savions pas vraiment comment répondre à cette menace dans une telle une crise économique, parce que nous n'avions jamais eu à faire face à une telle situation. Cependant, nous refusions de croire que le fait de licencier des employés en bloc était la seule réponse pour réduire les coûts et survivre à cette mauvaise passe. Nous sentions au plus profond de nous-mêmes que si nous refusions de voir la récession comme une excuse au déclin, et que si nous faisions ce qui était bon pour nos employés, nous pourrions alors convertir la menace en opportunité.

Cette conviction fut appuyée par ma certitude que l'économie du savoir tout entière est construite sur la confiance que les employés construisent entre eux ; c'est tout ce qu'il y a, dans le fond. C'est cette relation — celle entre les employés et l'organisation — qui à elle seule maintient une entreprise dans la course. Des licenciements à grande échelle, s'ils ne sont pas liés à la performance des employés mais simplement à la réduction des coûts, démantèleront l'édifice de la confiance. Les fondations mêmes de l'organisation seront réduites à néant.

Il nous fallait trouver une autre solution, sans faute. Nous sommes restés fidèles à notre principe des « employés d'abord », nous engageant sur la route de la transparence, de la responsabilité inversée et de la sagesse collective. Nous avons contacté dix mille employés de HCLT, en direct et sur les médias en ligne, en leur demandant : « Comment devrions-nous réagir face à ce challenge ? Dites-nous ce à quoi vous pensez, donnez-nous vos idées. » Nous avons appelé ce programme *Smart Response*[31].

Comme prévu, la réponse fut immédiate et massive. Ainsi que nous l'avions appris d'initiatives antérieures, toutes les idées ne nous ont pas été utiles. Cependant, nous avons sélectionné quinze initiatives que nous avons mises en place et qui ont débouché sur d'énormes économies pour l'entreprise. Que les initiatives une fois mises en place ne ressemblent pas à celles qui ont été décrites originairement dans Smart Response importe peu. L'équipe de dirigeants seniors et moi-même n'aurions jamais pu conceptualiser ces initiatives nous-mêmes. Nous avons improvisé à partir d'une sélection d'idées que nous avons affiné, les avons poussées un peu plus loin, pour finir avec une liste de propositions très importantes.

Étonnamment, les propositions prenaient en compte des idées de réduction du personnel, par exemple

---
31 - « Réponse intelligente. »

demander aux gens peu performants ou peu flexibles de quitter l'entreprise. Les employés qui ont fait ces suggestions soutenaient qu'il fallait se délester des parasites pour survivre et, très important, pour motiver le personnel le plus performant.

L'impact final de Smart Response se fit moins sentir dans les initiatives de réduction de coûts que dans l'augmentation du chiffre d'affaires. Quand nos employés se sont mis à rechercher les meilleures façons de surmonter la crise, ils se sont sentis rassurés à propos de leur avenir, et ils commencèrent à se concentrer sur la manière de modifier l'interface clients pour qu'il soit plus performant et qu'il augmente notre part de marché. Cela s'est passé très différemment dans certaines autres sociétés de services IT, car bon nombre d'entre elles n'avaient pas adopté une telle approche participative pour trouver des solutions à la récession. Dans ces entreprises, les employés étaient dans le doute et concentrés sur leur propre destin, se sentaient démotivés et angoissés. Cela se ressentait dans leur performance et aggravait les problèmes de l'entreprise, et créait un cercle vicieux de dégradation des performances et d'anxiété grandissante. Alors que chutaient les parts de marché de ces entreprises, HCLT connut une expansion de 20 % chaque année durant les pires moments de la récession. Nous avons doublé les commandes par rapport à l'année précédente, et nous proposions ces mois-là des milliers d'offres d'emploi partout dans le monde. Aux États-Unis et au Royaume-Uni, notre effectif augmenta de mille cinq cents employés.

L'expert en management Gary Hamel avait souligné la sagesse de cette approche bien avant que ne frappe la récession. Il avait écrit : « Malheureusement, une menace que tout le monde perçoit mais dont personne ne parle crée plus d'anxiété qu'une menace qui a été clairement identifiée comme le point central des problèmes à résoudre et vers lequel doivent converger tous les efforts de l'entreprise[32]. »

J'ai demandé à quelques-uns de nos gros clients pour quelle raison pensaient-ils que nous avions été capables d'augmenter notre part de marché durant cette période. « C'est toute la magie de vos employés, ils ont fait l'impossible. »

L'éventail d'idées résultant du processus Smart Response a permis à HCLT de maîtriser le ralentissement économique bien mieux que beaucoup de nos concurrents, et, plus important, cela prouva que le concept EFCS fonctionne bel et bien dans les moments difficiles. Est-ce qu'on a eu bon partout ? Probablement pas, mais le catalyseur Smart Response a suffi à produire un changement significatif dans le comportement des employés et à créer le résultat désiré.

---

[32] - Gary Hamel et C. K. Prahalad, « Strategic Intent » [Intention stratégique], *Harvard Business Review*, juillet-août 2005, http://hbr.org/2005/07/strategic-intent/ar/1.

Chapitre 5 — Mieux comprendre à partir des incompréhensions

## Deuxième incompréhension : nous n'en avons pas besoin parce que tout va bien

Contre toute attente, je me trouve parfois face à la réaction inverse : non seulement EFCS ne fonctionnera pas dans les moments difficiles, mais encore, cela n'est pas nécessaire dans les périodes fastes. Je vais contredire cette idée avec l'histoire de la fourmi et du papillon, une fable qui explique que les initiatives innovantes prises par EFCS sont particulièrement nécessaires quand tout va bien, ou quand tout semble aller bien.

Imaginez une jeune fourmi. Elle apprend de son père et de sa mère, va au collège puis à l'école de commerce et obtient son MBA. À un moment donné dans sa jeune carrière, la fourmi s'impressionne elle-même. « Je suis une meilleure fourmi que toutes les autres fourmis », pense-t-elle. Une fourmi qui fait vraiment de son mieux peut devenir encore plus performante qu'elle ne l'a été. Et si elle se surpasse encore, elle peut devenir ce que j'appelle une fourmi qui marche très vite. Et, oui, si cette fourmi a un coup de chance — comme un gros héritage ou un bon époux — elle peut devenir la fourmi qui marche le plus rapidement de toutes. Mais elle reste une fourmi.

Si toutefois vous êtes une fourmi et souhaitez devenir un papillon, c'est une tout autre affaire. Votre désir peut être immense. Vous devez être prêt à renoncer à tous les avantages que vous trouviez à être une fourmi. Vous devez accepter que tout le savoir que vous avez accumulé sur la manière d'être la fourmi qui marche le plus rapidement possible ne vous aidera pas à devenir un papillon. Vous aurez besoin d'un savoir-faire totalement différent.

Regardez comment Mohan Das Karamchand Gandhi est devenu le Mahatma Gandhi. Comment y est-il parvenu ? Il a eu cette idée — la non-violence — que personne n'avait envisagée auparavant, qui n'était pas reconnue, et qu'aucun autre leader n'utilisait. Il est sorti des sentiers battus pour emprunter un chemin original. Cette route l'a emmené jusqu'à un endroit extraordinaire, un endroit où ni lui, ni ses partisans, ni sa nation n'avaient jamais mis les pieds.

Une fourmi peut devenir P-DG. Mais cette fourmi ne deviendra jamais un vrai leader si elle ne se transforme pas en papillon. Il en va de même pour les êtres humains. Si vous êtes un P-DG traditionnel, la seule façon de devenir un leader est d'écouter ce qu'il y a au plus profond de vous, en votre for intérieur. S'il vous dit de faire quelque chose, et si vous êtes capable de le faire, vous deviendrez peut-être le leader que vous rêvez d'être.

Cette histoire m'est revenue à l'esprit en 2008, lors d'une conférence de P-DG sur la côte Ouest. J'y suis intervenu, au sujet d'EFCS, et à la fin de la session, alors que je m'apprêtais à partir, un jeune homme, probablement la trentaine bien avancée, m'a abordé. Il se nommait Huang

## Chapitre 5 — Mieux comprendre à partir des incompréhensions

Li (j'ai changé son nom) et était le P-DG d'une chaîne d'hôtels chinois. Huang a commencé par me féliciter pour mon discours, mais rebondit vite sur une critique qui m'était devenue très familière.

« Même si vos idées sont très intéressantes à entendre, monsieur Nayar, dit-il avec confiance, je doute qu'elles soient applicables à toutes les situations. »

J'avais déjà bien souvent entendu ce commentaire, et je l'ai bien souvent entendu depuis. Je souris et invitai Huang à venir prendre un café avec moi dans le Networking Lounge. Alors que nous sirotions nos *lattes*[33], la discussion reprit.

« Je dois vous dire qu'en toute honnêteté, commença Huang, je ne vois pas de logique dans votre philosophie des employés d'abord. Du moins pas en ce qui me concerne ou en ce qui concerne mon entreprise. »

Je décidai de ne pas réfuter ses arguments. Au lieu de cela, je lui demandai de me parler de son business hôtelier. Huang était tout à fait ravi de me raconter son histoire, comme la plupart des gens. Il s'agissait apparemment d'une entreprise familiale, leader dans les hôtels et stations balnéaires haut de gamme dans la région avoisinant Shanghai (j'ai également changé l'emplacement des lieux). La clé du bureau de P-DG avait été transmise de génération en génération. D'après ce que je compris, l'équipe de dirigeants seniors était un groupe composé de tantes,

---
33 - Café au lait.

d'oncles, de cousins, tous liés les uns aux autres par des liens du sang dans une ambiance de loyauté.

Comme Huang parlait de la direction de l'entreprise, de son héritage et de sa culture, je compris rapidement pourquoi il ne croyait pas au concept EFCS et pourquoi il ne pouvait pas y adhérer. Il était né dans cette entreprise gouvernée et tenue de main ferme par sa famille. L'idée que ces décideurs *corporate* doivent rendre des comptes à leurs employés devait lui sembler, effectivement, complètement ridicule. Je ne pouvais pas lui en vouloir de raisonner ainsi.

Une fois qu'il eut achevé de me parler de son entreprise, notre sujet de discussion initial revint sur le tapis, et M. Huang remit à nouveau le concept en cause. « Pensez-vous toujours que nous avons besoin de responsabilité inversée et de toutes vos idées révolutionnaires ? » demanda-t-il, avec juste un soupçon de dédain. « Vous pouvez constater que tout va pour le mieux dans notre entreprise. »

Je devinai qu'il ne serait pas en train de boire un café avec moi s'il croyait fermement que tout allait pour le mieux dans son entreprise, alors je décidai d'employer avec lui une tactique différente.

« Dites-moi, monsieur Huang, quelle est la croissance du chiffre d'affaires de votre entreprise ? demandai-je.

- Elle est de 22 % d'une année sur l'autre, dit-il fièrement.

Chapitre 5 — Mieux comprendre à partir des incompréhensions

- C'est très bien, enfin j'imagine », répondis-je. Puis je restai silencieux.

Huang eut l'air légèrement offensé :

« Mais bien sûr que c'est très bien, reprit-il. C'est 5 % au-dessus de la moyenne, dans ce domaine.

- Sans doute, rétorquai-je. Mais pourquoi ce taux n'est-il pas plus élevé ? Pourquoi n'est-il pas de 40 ou 50 % d'une année sur l'autre ? »

M. Huang me regarda comme s'il n'avait aucune idée de ce que je voulais dire. J'expliquai donc :

« Eh bien, l'industrie hôtelière en Chine — et surtout à Shanghai, où se trouve le siège de votre entreprise — est la poule aux œufs d'or, en ce moment, n'est-ce pas ?

- Bien entendu ! s'exclama Huang, avec une autosatisfaction prononcée.

- Et vous venez de me dire que votre société est le leader de ce segment haut de gamme. Alors, si vous êtes l'entreprise en tête d'une industrie en pleine expansion sur le meilleur marché du monde, pourquoi piétinez-vous à 22 % de croissance d'une année sur l'autre ? lui ai-je demandé. Surtout si ce n'est que 5 % de mieux que la moyenne ? »

Huang me lança un petit sourire en coin, mais je pouvais voir l'ombre du doute planer dans son regard.

« Je pense que si votre entreprise ne croît que de 22 % d'une année sur l'autre, cela devrait être en fait une source d'inquiétude pour vous, continuai-je.

- C'est absurde, lança Huang.

- Peut-être. Bien. J'imagine que vos hôtels sont du meilleur standing, disposent des meilleures commodités et que vos clients sont servis de la meilleure façon possible. »

Huang acquiesça, ne sachant pas trop où je voulais en venir.

« Oui, bien sûr, ce sont des hôtels de premier ordre, assura-t-il.

- Alors comment allez-vous faire pour augmenter votre croissance l'année prochaine et l'année d'après ? Surtout si le marché se stabilise. Ou si vos concurrents s'alignent sur vos standards ? » M. Huang tripotait sa tasse en silence. « Vous m'avez demandé pourquoi vous devriez inverser la responsabilité dans votre entreprise et faire passer les employés avant tout. Ma réponse est la suivante : c'est la seule manière pour que votre entreprise continue de croître. C'est la seule façon d'améliorer votre performance. »

Huang écoutait désormais avec plus d'attention.

« Je suis certain que vous avez fait tout ce qui est en votre pouvoir pour améliorer vos atouts matériels, repris-je. Les immeubles et les installations. Maintenant, je pense qu'il faut vous concentrer sur votre capital humain. Pour faire un grand bond en avant, surtout si vous êtes déjà dans une compétition de haut niveau, il vous faut donner la priorité aux employés. Il faut faire tout votre possible pour leur faciliter les choses et vous mettre vous-même en position de leur rendre des comptes. Si vous le faites, vous verrez votre entreprise surpasser vos espérances, mais aussi celles de vos clients. Vous n'aurez pas à vous contenter de 22 % de croissance. Vous pourrez même atteindre les 40 ! Et plus important encore, vous créerez ainsi une situation durable, et l'on se souviendra longtemps de vous et de votre réussite. »

Huang rit cette fois-ci, et je ris avec lui. Mais, quand vint le moment de prendre congé, je pouvais voir que Huang se sentait mal à l'aise. J'avais semé la graine d'une idée dans son esprit. J'espère qu'elle aura reçu de la lumière et quelques gouttes de pluie vivifiantes.

J'étais absolument certain que M. Huang était une fourmi qui marche vite, peut-être celle qui marchait le plus vite parmi toutes les fourmis de l'industrie hôtelière chinoise. Mais je n'étais pas sûr qu'il puisse devenir un papillon. La prochaine fois que j'irai en Chine, je descendrai dans l'un des hôtels de M. Huang pour en avoir le cœur net.

## Troisième incompréhension : les clients n'en verront jamais la valeur

Voici maintenant la troisième objection : même si les employés d'une entreprise EFCS trouvent de la valeur dans ce concept, il est illusoire de s'imaginer que les clients en recevront vraiment directement.

Ma réponse à cette incompréhension est la suivante : non seulement le client en voit très clairement la valeur, mais il la voit souvent avant que nous, les dirigeants, ayons pu la constater. Vous souvenez-vous des exemples que j'ai donnés, où les clients considéraient nos employés comme les véritables acteurs, et voyaient en moi, et en général la direction, au pire, comme une entrave au bon fonctionnement des choses, au mieux comme un élément qui ne change rien à leur réussite ?

Je n'ai pas grand intérêt à prétendre que les clients constatent la valeur de l'initiative EFCS. Il vaut mieux qu'ils le disent eux-mêmes, et heureusement pour moi, c'est souvent le cas. Cela m'est arrivé dans le contexte mémorable d'un meeting Global 100 (un rassemblement de P-DG des entreprises parmi les plus influentes du monde) qui se tenait à New York, et organisé par Jack Welch, ancien P-DG de General Electric. Après ma présentation, Jack commença à me faire passer un interrogatoire pour savoir si oui ou non le concept EFCS pouvait aider les entreprises en récession. Je me suis lancé dans une longue démonstration qui n'était probablement pas très convaincante, parce qu'au bout d'un moment, un membre de l'assemblée leva la main pour prendre la parole. C'était le P-DG d'un de nos clients les plus importants, une entreprise du Fortune 100.

Il se leva. « Jack, j'ai vu HCLT se transformer à travers EFCS, et je peux vous garantir, en tant que client, que cela fonctionne pour nous aussi. » Wouah ! Je savais que ce P-DG était un grand fan de HCLT, mais je ne pensais pas qu'il prendrait la parole en public, et de façon si positive, au sujet d'EFCS.

Et ce n'est pas tout. Beaucoup de nos clients me disent qu'ils nous apprécient particulièrement pour notre engagement envers nos employés, et, bien plus, ces mêmes clients ont suivi notre exemple sur le sujet. Eux aussi intègrent des approches EFCS à leur entreprise, à leur manière. Ils viennent souvent discuter avec des employés de HCLT pour connaître leur opinion sur leur propre société, s'attendant à des réponses et des retours honnêtes.

Nos résultats en matière de satisfaction clients, qui étaient déjà hauts et en croissance constante, ont augmenté de 43 % pendant la récession des années 2008 et 2009. Les clients retirent bel et bien de la valeur du programme EFCS, et croyez-moi, ils le savent bien.

## Quatrième incompréhension : la mise en place d'EFCS nécessite des initiatives à grande échelle

Chez HCLT, nous n'avons pas pris d'initiatives techniques ou organisationnelles à grande échelle pour mettre en place EFCS. Au lieu de cela, nous avons compté sur des catalyseurs, des améliorations de nos systèmes existants, des processus de révision, et beaucoup de communication, tout cela à petite dose.

On peut constater les conséquences également importantes de changements techniques à petite échelle dans bien d'autres situations. Le téléphone portable, par exemple, apporte un nouveau bouleversement dans le système économique à des milliers de pêcheurs sur les côtes indiennes, plus de profit et plus de productivité. Alors qu'ils sont encore en mer, ils peuvent appeler plusieurs ports pour trouver les meilleurs prix, et faire jouer la concurrence et augmenter ainsi les tarifs. Évidemment, les revendeurs n'aiment pas ce nouveau rapport de forces, mais ils paient un meilleur prix aux pêcheurs qui travaillent sur cette partie du littoral.

De même, le simple accès à Internet a eu un impact majeur pour les fermes indiennes. Typiquement désavantagés économiquement et souvent illettrés, les fermiers indiens de la campagne profonde avaient un accès limité à l'information sur les techniques d'amélioration des cultures et de leur rendement. Les fermiers ont rarement un accès direct aux produits de base de qualité (les meilleures graines, les herbicides et pesticides) ou aux informations cruciales, comme un bulletin météo précis, qui pourrait leur permettre d'améliorer la qualité de leurs récoltes. Cette inefficacité n'a fait que maintenir leurs coûts élevés et leurs profits au plus bas.

Le projet e-Choupal (*choupal* signifie « place du village » ou « lieu de rassemblement » en hindi) installe des centres internet dans les villages. Grâce à ces centres, les cultivateurs de soja, de blé, de café, et autres cultures, ont accès à l'information en temps réel sur Internet. En connaissant les prix en direct des produits de gros, ces fermiers peuvent négocier de meilleurs prix, et réaliser ainsi un meilleur profit avec leurs récoltes.

La réponse à cette incompréhension : une solution n'a pas besoin d'être soit complexe, soit à grande échelle, et ne nécessite pas d'initiative gigantesque pour conduire à un résultat spectaculaire.

## Cinquième incompréhension : cela n'a rien à voir avec la performance

Même lorsque je réponds aux questions concernant les quatre premières incompréhensions, les gens continuent de douter qu'une initiative comme EFCS puisse engendrer croissance et profit de manière significative.

La meilleure réponse à cette incompréhension est l'énumération de quelques faits touchant nos quatre premières années (2005-2009) de transformation :

- 70 % de nos contrats les plus importants ont été remportés alors que nous étions en concurrence avec les Quatre Grands de l'industrie IT dans le monde.
- Le nombre de nos clients a quintuplé. En chiffres d'affaires annuels, les clients à un million de dollars et plus ont doublé, les clients entre 5 et 10 millions de

dollars ont quadruplé, et les clients à 20 millions de dollars et plus ont quintuplé.

- Le taux de départs volontaires des employés a baissé de presque 50 %. Ce taux inclut une chute significative des départs de collaborateurs dont les performances sont notées comme étant « exceptionnelles », ce qui démontre que nous parvenons de plus en plus à garder avec nous nos ressources humaines les plus précieuses.
- Notre ESAT[34] (mesure de satisfaction des employés) a augmenté de 70 %, d'après une étude indépendante et extérieure à HCLT.
- Le chiffre d'affaires a triplé sur une période de quatre ans.
- Le résultat d'exploitation a triplé lui aussi.

Et nous avons réussi tout cela avec du plaisir, et sans même essayer de faire autre chose que ce que nous étions en train de faire !

## Un programme sans fin : faire du changement un mode de vie

Comme nous avons pu le voir, le voyage « les employés d'abord, les clients ensuite » procède par étapes. Ces phases

---

34 - ESAT (*Employee Satisfaction*) est un système de mesure permettant d'évaluer le taux de satisfaction des employés.

furent les suivantes : regarder dans le miroir, créer de la confiance à travers la transparence, renverser la pyramide, et donner à tous la responsabilité du changement.

En réalité, sur le moment, ces phases n'étaient pas aussi bien définies que la lecture de ce livre peut le laisser comprendre. Nous nous trouvions souvent dans l'obligation de répéter l'une de ces étapes. Parfois, une initiative bien précise ou un domaine en particulier nécessitait la reprise de la séquence dans son entier.

C'est pourquoi EFCS doit être vu comme un cycle d'actions, un voyage qui recommence encore et encore. Mais même si ce voyage se reproduit, il ne se déroule jamais exactement de la même façon. À chaque fois, nous trouvons de nouveaux catalyseurs et continuons de repousser nos limites plus énergiquement, pour nous donner les moyens de pousser l'entreprise vers l'avant.

Ceci est essentiel, parce que le monde des affaires change de manière fondamentale. Nous faisons tous l'expérience d'une évolution rapide des besoins des consommateurs, d'une plus grande régulation, de l'écart de plus en plus réduit entre les concurrents, et de la nature toujours changeante des risques et de l'éthique. Presque tous les chefs d'entreprise que je connais naviguent plus que jamais à travers cette multiplicité des forces. Cependant, si complexe que soit devenu l'environnement des affaires, je persiste à penser que la réussite se trouve toujours au bout d'un itinéraire simple : une goutte de pluie, un catalyseur qui met la machine en branle.

Je ne prétends pas pour autant comprendre tous les tenants et les aboutissants de ce sujet, et je ne peux pas être certain que ce processus fonctionnera de la même manière, ou aussi bien que chez nous, dans toutes les entreprises, situations, ou configurations. Je sais que notre approche comporte des imperfections et des incohérences. Et quand on se trouve confronté à l'une d'entre elles, il faut regarder dans le miroir encore une fois, corriger quelque chose, et reprendre la route. La beauté, au bout du compte, réside dans l'expérimentation et dans les leçons que l'on en retire.

Beaucoup de gens — chez HCLT et hors de HCLT — ne comprennent pas ce que nous faisons. Mais nombreux sont ceux qui comprennent de manière concrète la philosophie d'EFCS (et la réflexion sous-jacente), sont enthousiastes, et ont mis ces idées à exécution pour leur profit professionnel et personnel.

Beaucoup d'employés, par exemple, ont appliqué ce qu'ils ont appris chez HCLT à la construction et à la gestion de leur propre petite entreprise. D'autres enseignent notre philosophie à l'école et à l'université.

Ils sont nombreux à m'avoir affirmé que les principes que nous suivons les ont aidés à développer de nouvelles perspectives de vie et à s'en sortir. Cela signifie que nous avons peut-être touché au bas mot cinquante-cinq mille employés d'une manière ou d'une autre. Si la nouvelle génération de dirigeants reprend ces idées, nous pouvons aisément influencer d'autres gens par milliers, peut-être par centaines de milliers. C'est une idée très audacieuse, je sais, comme l'était EFCS au départ.

Chaque année, quelques centaines de collaborateurs quittent HCLT pour rejoindre d'autres entreprises ou pour choisir un autre chemin de vie. Je considère que ces gens sont d'anciens élèves de l'école de pensée EFCS, et j'espère qu'eux aussi emmèneront avec eux nos idées dans leurs futurs projets. J'espère qu'ils seront sensibles à la nature de la zone de création de valeur dans leur nouvel environnement, qu'ils feront attention à la répartition du pouvoir, mais aussi qu'ils se demanderont si les responsabilités telles qu'elles sont distribuées ajoutent de la valeur ou créent des entraves. Par-dessus tout, j'espère qu'ils auront la motivation pour bouleverser les certitudes du management conventionnel.

Nous savons qu'il suffit d'une bonne idée pour changer une société. Je pense que notre réflexion est une bonne réflexion.

Quand nous avons entamé ce voyage, notre objectif était de transformer HCLT, et après cinq ans cahin-caha, nous y sommes certainement parvenus. En ce qui me concerne, cela a été une modeste expérience sur la découverte de soi, expérience que je n'aurais pas pu mener seul. Les gens à tous les niveaux et à tous les secteurs de l'entreprise ont eu des idées qui ne me seraient jamais venues à l'esprit autrement. Ils ont mis les concepts en pratique d'une façon qui m'a époustouflé et émerveillé à la fois. Ils m'ont souvent ouvert les yeux sur de nouveaux horizons, sur des montagnes au-delà des montagnes, que je n'avais pas vues.

Il s'agit vraiment d'un livre coécrit par cinquante-cinq mille auteurs.

Notre voyage ne s'est pas contenté de transformer notre entreprise — il m'a transformé moi aussi. En 2005, lorsque nous avons commencé, c'était comme si j'étais aveugle, j'avançais à tâtons. J'aimerais pouvoir affirmer que déjà à l'époque je voyais clairement le chemin à parcourir, mais ce serait un mensonge. Je suis heureux d'avoir choisi de m'aventurer en territoire inconnu, car c'est cela qui a rendu l'expérience passionnante.

Aujourd'hui que j'ai les yeux grands ouverts, je me demande si je suis toujours dans cet espace obscur. Peut-être que d'ici quelques années, je repenserai à 2010 en disant à nouveau que j'étais aveugle, à l'époque, et que j'avançais à tâtons…

# Remerciements

D'abord et avant tout, je souhaiterais remercier les cinquante-cinq mille formidables partenaires et coauteurs de ce livre : les HCLiens. Sans vos idées, votre foi en ce que nous faisions, et sans votre soutien dans ces initiatives qui auraient semblé complètement folles à tant d'autres, *Les Employés d'abord, les clients ensuite* ne serait jamais devenu une réalité. Membres de mon équipe de direction, vous qui avez osé emprunter ce chemin jamais exploré auparavant, vous êtes les véritables héros de cette transformation. Chacun de vous est quelqu'un de fascinant, quelqu'un dont j'ai tant appris ; je marche à vos côtés avec la plus grande fierté. J'aimerais aussi saluer tous les anciens HCLiens, parce que ce voyage eût été impossible sans les fondations que vous avez posées durant trente-cinq années ; ce sont vos pas qui nous ont guidés vers de nouvelles destinations et vers une terre plus sûre.

Shiv Nadar, vous fûtes un ami, un guide et un mentor formidable. Vous m'avez inspiré, de même que vous en avez inspiré tant d'autres. Votre esprit — lorsqu'il s'agit d'expérimenter et de repousser les limites — est ce qu'il y a de plus précieux à mes yeux. Merci d'avoir cru en moi.

À mes clients et partenaires, dont certains sont devenus mes amis, merci d'avoir cru en nous dès les premiers pas de notre long voyage. Ce sont votre soutien et votre implication qui nous ont aidés à évoluer et à améliorer EFCS année après année. L'enthousiasme avec lequel vous avez soutenu notre stratégie, et le désir que vous avez manifesté de nous voir réussir est la raison fondamentale pour laquelle EFCS existe et respire aujourd'hui.

À mes pairs dans le domaine, merci d'avoir été une inspiration. Tous les jours, vous avez mis la barre un peu plus haut, créant pour nous ces challenges qui ont rendu ce voyage si exaltant. Nous avons appris beaucoup les uns des autres, et j'espère que nous continuerons cette compétition fondée sur les idées et les valeurs.

De façon très « EFCS », j'ai pu compter sur des amis et des collègues pour m'aider à créer ce livre. J'avais l'envie passionnée, sinon les capacités, d'écrire un livre qui vaudrait la peine d'être lu, alors je me suis fié aux autres pour réaliser ce rêve dont j'avais parfois l'impression qu'il ne trouverait jamais le chemin de la réalité. Mes remerciements à Zulfia et Amrita, deux personnes brillantes, qui m'ont aidé à orienter mes recherches et à mettre des mots sur les idées, et merci à Meena, qui s'est attachée à diriger le projet et à faire en sorte que nous restions dans le droit chemin. Merci à Suresh, Krishnan, Heena, R. Anand, Neha, et Anand Pillai pour m'avoir aidé à réfléchir à la structure et au format de ce livre. Merci à encore bien d'autres membres de mon équipe de direction pour avoir examiné les brouillons et pour leurs précieuses contributions. Sans votre aide et votre participation, j'aurais probablement renoncé à ce projet.

C'est dans les espaces entre les notes que naît la musique, et je suis reconnaissant d'avoir eu mon propre compositeur, John Butman, pour apporter de la musique à ce livre. Je n'avais jamais pensé que les mots pourraient exprimer ce que je ressentais, jusqu'à ce que je rencontre John. Merci à Jacque Murphy, mon éditrice chez Harvard Business Press, pour ses retours astucieux et pour m'avoir aidé à garder le cap. Mes remerciements à David Wan, P-DG de Harvard Business Publishing, pour m'avoir, au tout départ, suggéré d'écrire ce livre et pour son soutien tout au long du processus. Merci également à Linda A. Hill et Tarun Khanna, qui ont coécrit l'étude de cas de la Harvard Business School, qui a posé les jalons de ce livre.

Il faut un village pour faire un homme et peut-être une ville de bonne taille pour faire un auteur. Ma mère m'a appris à mettre toutes les chances de mon côté. « Difficile ne veut rien dire, disait-elle souvent, c'est juste différent. » Ce livre lui est dédié parce c'est son esprit qui, chaque matin, m'insuffle vie et énergie. Mon père, au cours de ces promenades vespérales que nous aimions faire ensemble, m'a inculqué le désir de voir les choses en grand et d'agir en toute intégrité. Mon épouse, Anupama, est mon amie la plus proche et à l'origine de ma réussite et de ma force. Merci à mes frères, Neeraj et Vibhu, qui sont mes plus grands supporters et mes meilleurs critiques. Leurs commentaires sur ce manuscrit m'ont été d'une aide précieuse. Merci à ma tante Kailash de m'avoir inculqué la fierté — fierté de notre histoire, et fierté comme un mode de vie. À mes enfants, Varun et Sophiyaa, merci de m'avoir appris ce que sont l'amour et la génération Y. Et je suis très reconnaissant envers tant d'autres amis et membres de ma famille, qui tous m'ont permis de devenir la personne que je suis aujourd'hui.

Je remercie tout spécialement l'équipe et les enfants qui travaillent avec moi dans notre œuvre de charité Sampark, qui a vocation de créer « un million de sourires » en participant à l'amélioration de l'éducation en Inde ; tous les bénéfices que je retirerai personnellement de ce livre seront reversés à Sampark.

Il faut du courage pour s'engager sur un chemin différent, mais quand vous franchirez le pas, vous vous rendrez compte que vous n'êtes pas seul ; nombreux sont ceux qui veulent avancer à vos côtés. Je remercie tous ceux qui croient aux chemins différents. C'est le fait de marcher, pas la réussite au bout du chemin qui fait que cette marche en vaut la peine.

Pour finir, merci à tous les lecteurs qui ont choisi ce livre et qui se sont penchés sur ce qu'il raconte. Je vous souhaite tout ce que vous pouvez rêver de mieux dans votre voyage.

# Index

## A
Adivasis, histoire de l'invasion des, p. 155-157
Âmes perdues, p. 35-38, 52, 69
Amsterdam, la fenêtre d', p. 82, 105
Araignée, fonctionnement de l'entreprise comme une, p. 162-163, 183
Attentistes, p. 35, 37-38, 52, 69-70, 96, 98
Autogestion, p. 193-194
AXON, fusion inversée avec, p. 189-190

## B
BAIT (Business-Aligned IT), technologies de l'information alignées sur le business, p. 164-167, 182
Beckstrom Rod A., p. 162
Bernauer David, p. 30
Brafman Ori, p. 162
*Blueprint*, réunion, p. 59, 73-76, 79-80, 83-84, 103, 109, 161, 185-188

## C

Catalyseur, p. 21-22, 79, 104-105, 128-129, 136, 158-159, 171, 183-184, 187, 188, 202, 211, 215

Chennai, réunion de, p. 32, 34

CIO (directeur des systèmes d'information), p. 29-30, 44-45, 95-96, 102, 114, 163-166, 176, 178-179

Ciali Chuck, p. 102

*Cloud computing*, p. 182-183

Commandement et contrôle, p. 78, 112, 120, 149, 171, 193

Communauté «Les employés d'abord», voir aussi Passions, communauté de, p. 180-183

Comnet, p. 7, 24-26, 43, 61, 79, 90

Confiance
- Quotient de confiance, p. 68, 72-73, 76
- À travers la transparence, p. 2, 15, 37, 57-105, 215
- Culture de confiance, p. 17, 78-80, 86, 100, 141, 144, 157
- Nature de la confiance, p. 74
- Quatre dimensions de la confiance (crédibilité, fiabilité, intimité, motivations personnelles), p. 74-76, 100

Contrôle, voir aussi Zone de contrôle, p. 39, 47, 63, 78, 87, 112, 120, 136-138, 140, 146-147, 149, 158, 171, 181, 193

## D

Delhi, réunion de, p. 34, 59, 95, 163

Dixons (DSG International), p. 101-103

Dossier, voir aussi Zéro dossier, p. 126-135, 167

## E

e-Choupal, projet, p. 212

EFCS, p. 12-13, 20, 51, 55, 70, 95-97, 111, 129, 149-150, 158, 168-169, 176, 190, 195, 197-198, 202-204, 206, 209-211, 213, 215-217, 220

EPIC (« *Employee Passion Indicative Count* » : évaluation indicative de la passion des employés), p. 178-180

ESAT (« *Employee Satisfaction* » : évaluation du taux de satisfaction des employés), p. 214

Étoile de mer, fonctionnement de l'entreprise comme une, p. 162-163, 181, 183

Évaluation à 360 degrés, voir aussi 360 degrés, p. 136-138, 141-143, 146, 149, 158-160

# F

Famille, voir aussi Modèle familial, p. 10, 34, 77-79, 86, 120-122, 151, 175, 193, 206, 222

*Feedforward*, système d'évaluation, p. 148

Feedback, p. 138-142, 147-149, 188

Ferme avicole, leçon de la, p. 109-111

Fusion inversée avec AXON, p. 189

# G

Gandhi, dit le Mahatma Gandhi, p. 22, 53-54, 204

Génération Y, p. 2, 46, 49, 52, 81, 222

Giesbrecht Bruce, p. 30

Gladwell Malcom, p. 38

Goutte dans l'océan bleu, concept de la, p. 21-22, 136

Grands acteurs, p. 63, 67, 99-100

# H

Hamel Gary, p. 202

*Happy Feet*, procédé de révision des performances, p. 142, 146

HCLT
- Ingénierie, p. 32-33, 123
- Culture HCLT (culture de l'excuse, culture du changement), p. 15, 21, 39, 57, 79-80, 104, 181, 206

Huang, histoire de l'hôtel, p. 204-209

# I

Incompréhensions suscitées par EFCS, p. 20, 197-218

Inversion de la pyramide organisationnelle, p. 17, 48-51, 107-160

IT, Services IT, Tendances IT, p. 5, 7, 23, 25, 29-30, 39, 62-65, 69, 87, 97, 100, 102-103, 113, 173, 201

# J

Jobs Steve, p. 51

# K

Kennedy Eamonn, p. 103

Kim W. Chan, p. 21

King Jr Martin Luther, p. 53

# M

« Main de Dieu », décision, p. 116, 124

Maister David, p. 74, 76, 99

Mandela Nelson, p. 53-54

Mauborgne Renée, p. 21

« Mes Problèmes », section du portail U & I, p. 172, 174-175

« Miroir, mon beau miroir », exercice, p. 14, 23-55, 57, 104, 141

Modèle familial, p. 77, 120

MyBlueprint, concept et portail, p. 185-188

# N
Nadar Shiv, p. 8, 24-25, 220

# O
«Oui, mais», managers, p. 69-70, 74, 84, 86-88, 91, 98, 127, 140-141, 143, 151, 169, 186

# P
Passions, communauté de, p. 180, 182-183
P-DG, voir Rôle du P-DG, p. 1, 3, 5, 19, 24, 30, 43, 72, 76, 89-92, 94, 113, 123, 130, 136, 158-160-195, 204-205, 210, 221
Perspectives, réunions, p. 154, 156-157
Prahalad C.K., p. 3, 119, 202
Point A, point B, notion de, p. 27-28, 31-33, 51-52, 54-55, 59, 84, 114
Portail de valeur, U & I, p. 89, 93-94, 117, 168, 171-172, 174, 176, 184
Postes fonctionnels, p. 18, 112, 117, 123-126, 128, 130, 133-136
Pyramide archaïque, p. 48-49, 111
Pyramide inversée, p. X, 49-53, 118, 160

# Q
Quatre Grands, p. 63, 103, 213
Quatre P du marketing, p. 120

# R
Rahman A.R., p. 51
Responsabilité inversée, voir Transfert de responsabilité, p. 123, 133, 158, 200, 206
Rôle du P-DG, p. 19, 161-195
Romance de demain, p. 15, 51

## S

SAP (systèmes, applications et produits pour le traitement de données), p. 189-190
Services informatiques, p. 64
Service intelligent en ligne, voir aussi SSD, p. 125, 126
Smart Response, p. 200-202
Sphère d'influence, p. 146-147, 149, 158
Supposition erronée, histoire d'une, p. 152-154
SSD (Smart Service Desk), p. 125, 127-136, 150, 157-158
Surowiecki James, p. 143

## T

Teradyne, p. 102
Transfert de responsabilité, p. 19, 163, 165, 168, 190-191, 195
Transformeurs, p. 35-38, 46, 49, 52-53, 69-70, 88, 96, 99

## V

*Value centricity*, p. 64, 70

## W

Welch Jack, p. 210

## Z

Zéro dossier, p. 132-134
Zone de création de valeur/Création de valeur, p. 17-18, 20, 47-52, 58, 65, 97-98, 112-113, 115-119, 123-125, 137, 139, 145, 147, 149-150, 158, 160, 163, 170, 173, 176, 184, 186, 191, 217
Zone de contrôle, p. 136-138, 146-147, 149, 158
360 degrés, p. 136-144, 146-149, 157-158, 160

# À propos de l'auteur

**VINEET NAYAR** est président-directeur général de HCL Technologies Ltd. (HCLT), l'une des multinationales indiennes de services IT qui connaît la croissance la plus rapide et la plus forte.

Vineet a rejoint HCLT en 1985 après avoir obtenu son MBA à XLRI. En 1993, il a fondé la start-up Comnet, dans laquelle il a développé et mis en pratique une bonne partie des idées décrites dans ce livre.

En 2005, il devint président, puis en 2007, P-DG de HCL Technologies, structure sur laquelle, en cinq ans, il opéra un redressement remarquable. HCLT est devenue l'une des stars de l'IT en Inde, et elle est reconnue dans le monde entier pour ses performances commerciales et ses pratiques de management innovatrices.

En 2009, la société HCLT fut nommée meilleur employeur d'Inde et l'un des vingt-cinq meilleurs employeurs d'Asie par Hewitt Associates, et *BusinessWeek* a classé HCLT dans le top 5 mondial des entreprises émergentes à observer.

Dépôt légal : Mai 2011

Mise en pages : Nord Compo
Conception graphique de la couverture : Stephani Finks
Correction : Valérie Lajoinie
Achevé d'imprimer en France